Takamasa Yosizaka ＋ Atelier U ｜ Experimental house

吉阪隆正＋U研究室 ｜ 実験住居

写真 ｜ 北田英治
編著 ｜ 齊藤祐子
Photographed by Eiji Kitada
Edited by Yuko Saito

ヴィラ・クゥクゥ トップライトに一瞬の朝陽　1995 年 1 月撮影

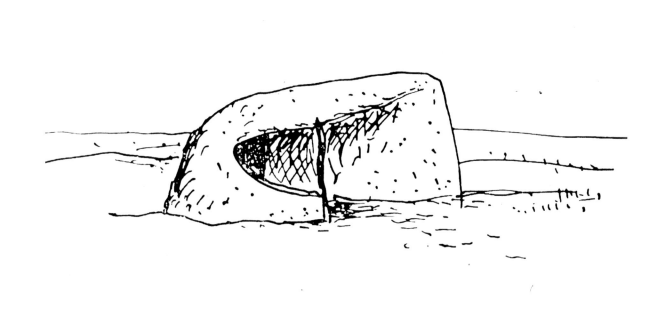

まだ大学の学生だったころに、蒙疆（中国・内モンゴル自治区）の方へ旅をしたことがある。

そこの草原のゆるやかな起伏を前にして、私は思わずウォーと叫んで走り出した。

同行者は私が野生に戻ったのかと心配したようだが、私はその時、孫悟空の話はこの風景の中から生まれたと直感したのだった。空飛ぶアラビアの絨毯の発想だってこの風景なしには思いつくまいとも考えた。

その草原の入り口の町の包頭の郊外、まさに町と草原とが接しているあたりに一軒の小さな泥作りの家があった。それは燕がつくる巣のような印象で、ただ人間が出入りできるくらいの大きさになっているだけだった。入口とおぼしき所に真直ぐでない細い木の幹を立て、それに屋根も、手摺り状に一部を削った泥の壁がからみついて一体となっていた。

中へ入って見なかったが、おそらく「の」の字の平面をそのまま間取りとしたものであろう。

天井は屋根と一体で、奥へ行くほどやや高くなっているようだ。普通ならみすぼらしい小舎として、見捨てられそうなこの民家は私を釘づけにするほど強い印象を残した。巧まずにして、あそこまでまとめられた姿をつくりたいものだという気持ちが生じた。あるいは、幼児の絵に感激する類であったかも知れない。

意識をのりこえて、あの姿をつくり上げるのにはどうしたら至れるだろうかというのが、その後いつまでも私の心をとらえた。そして未だにその心境には達せられないでいる。

吉阪隆正『コンクリートの家』1971 年

はじめに

私たちは生き続けようとしている。

この生存のための行為そのものこそ生活なのである。

その生活の場として住居があり、

その具体的な形、容器として、また道具として住宅がある。

この住宅を中心に行われるのが住生活である。

そして住生活が私たちの生活全般の基幹となっている。

住居が生活の基地といわれるのはその意味である。

しかしこの重要な基地といえども

私たちの努力でつくり上げなければならないのである。

そして何のために、如何につくるかということが

今私たちに課せられた問題なのである。　吉阪隆正『住居学汎論』1950 年

焼け跡にコンクリートの人工土地を提案した〈吉阪自邸〉は、1950 年代、新しい都市の風景を見ていました。吉阪隆正が建築家として世に問う住居の原点は、荒廃からの再生であり、大地を開放する、まちつくりの実践の場でもあります。戦前は都市郊外の自然の中で暮らしていた地域も人口が増え続け、戦後の土地問題へと、「土地を立体化せよと叫び、人工土地を提案していた私が、自分の家でそれを実験する意味でつくったのが今の自宅」と吉阪は『実験家屋に住む』1967 年、と題して記しています。1960 年代、自邸の庭は、誰もが活動できる「実験住居」として、その場所の力が人を惹きつけていきました。

住居は生命と心を守る再生の場です。災害、戦争からの復興期には、常に住居が大きな課題になりました。生命の危機を前に、一極集中の高密な都市から人の姿が消えた現在こそ、50 年代の復興の先への、住居の形と提案をあらためて見直す機会です。

「住居は個人の自由と集団の利益との境界線の存在であらねばならない」（『国際建築』1954 年 1 月）と、住居をまちつくりとして提案した吉阪は、その後、公共的な施設の設計を手がけるようになっても、住宅を何よりも大切だと考え、設計を続けました。U 研究室では、吉阪が亡くなる 1980 年まで、計画、増改築も含め、住宅の設計は 33 を数えます。大学構内にアトリエを創設以前の 3 作品とあわせて、36 になります。

本書は、出発点である「吉阪自邸」、創設期 1950 年代の「浦邸」「ヴィラ・クゥクゥ」「丸山邸」、そして、60 年代の「樋口邸」、70 年代の「三澤邸」の 6 作品を『実験住居』として一冊にまとめました。『住宅建築』掲載の、「浦邸」2008 年 4 月号、「ヴィラ・クゥクゥ」2010 年 3 月号、「樋口邸」2011 年 4 月号の特別記事を再録し、新たな写真と図面、文章を追加して再構成しています。初出の特別記事と本書の刊行のために、撮影、取材そして貴重な資料のご提供などで大変お世話になり、ご協力いただきましたみなさまに深くお礼を申し上げます。

2020 年 5 月　齊藤祐子 アルキテクト事務局

吉阪自邸
コンクリートの人工土地、まさにル・コ
ルビュジエのドミノ型の原型、この吹き
さらしのまま打ち合わせや宴会、その後
ブロックを積みサッシを取り付けた
1954 年 7 月撮影*

目次

凡例

図面名称
縮尺｜作成年月日｜製図者 *サインなし｜
素材・技法｜大きさ［mm、縦×横］｜縮小 %｜
所蔵者：*** のほかは、文化庁国立近現代建築資料館所蔵

写真・構成｜北田英治

解説・キャプション｜齊藤祐子

101
実験住居
吉阪自邸

1955年 竣工
東京・新宿 百人町

［右頁］エントランスには、
禅宗の詩のレリーフ
心随万境転
転処実能幽
随流認得性
無喜亦無憂

心は万境に随って転ず
転ずる処実に能く幽なり
流に随って性を認得すれば
喜無く亦憂無し

［左］門も塀も設けない自邸の庭は、子どもたちの遊び場、アトリエの打ち合わせ、焚火を囲む宴会と、たくさんの人が集まる活動の場所になり、住まいがまちをつくる実践の場であった
［上］1964年にコンクリートのプレファブでつくった書庫、Uのお化けのレリーフは見本のタイルを打ち込んだ。取り壊し直前の1982年3月撮影

百人町の家

吉阪隆正

竣工時の自邸、外観と３階の畳
コーナー『ある住居』1960 年

　この家を建てた頃に、こんなことを書いた。
「人間が宇宙にとび出すのも間もないことかも知れない。しかしやっぱり人間は地球を本拠とするだろうし、地球上のどこかの地点に住居を営むことだろう。
　その昔はどこに住もうかと思い悩むことはなかった。生まれた時に住む場所が与えられた。もしもその住む場所を離れるとすれば、何か悲しい事件のために追い立てられる時だけだった。
　今は違う。多くの場合動くことは、将来のよりよい生活への希望を抱いて行われる。特に都市においては、住居はもはや先祖代々受け継がれるものではなくなった。人生の各過程において通過する住宅という考えさえ生じている。何百年、何千年来抱いてきた住居への考え方は、ここで全く新しい態度で立ち向かわなければならなくなった」

「大地は万人のものだ。
　私は一人占めする権利はない。
　今の法律がよくない！
　それはアフリカのキクユ族の土地占有のあり様のように必要な間だけ使う、使わなくなったら誰でもそこを使えるという方式にすべきだ。

　それでも、人々がひしめき合っている大都市では、草原のキクユ族のようなわけに行かない。この不足を、土地の不足を、人工的に作って解決しなければいけない。

　無断で、無計画に土地を使えばいつも紛争と混乱があるだけだ。
　団体の秩序と個人の自由とがうまく調和するような、そんな土地の作り方をしなくてはいけない。
　自然の土地と違って、人工の土地は、人間の自由となる。人間の考える通りにつくられる。人間の要求に従ってつくられる人間の寸法に適合してつくられる。
　それは何も平らに並べるだけでなく、高層に重ねることだってできる。大地では限られた広さも、これによって幾層倍にもして使える。傾斜していて住めない所だって平らに使える。谷間となって陽のあたらぬ所も、橋として空に架することができる。
　やがては、海の上に浮かすことも、空に飛ばすこともできるだろう」

　それからまた、こう書き記してある。
「本来ならば、政府や都がつくってくれるべき筈の人工の土地を、私は個人でやらねばならなかった。

金融公庫から借りた金は、このコンクリートの土地をつくるだけでおおかた使い果たしてしまった。

　それでもこのコンクリートだけの土地で宴会も開かれた。途中から雨が降って来て、大騒ぎになった宴会ではあるが、今ではジャーナリズムで、またデザイン界で先端を切っている人々が集まって、将来の世界のことを論じたのだった。

　壁のないこの土地、それでも屋根だけはあるこの土地に夏の幾夜かを過したこともあった。午前4時から5時にかけて蚊の大群がここを通り抜けることを知ったのもその時である」

「10万円足らずで外壁がつまれ、20万円ほどで鉄の窓や扉がとりつけられて、雨露も風も防げる空間ができた。この支出ならだいたい私の一年の収入。

　一年の収入で家が建つなら、住宅難はないといわれている。国や公共団体が人工の土地を提供してくれたら、人々は一年の収入でとにかく住む所を得られる。これで完全に住宅難はなくなる。

　内部の設備（？）

　それは収入に応じて、生活に即して少しずつ充実すればいいものだ。

　私の庭は、今は人工の土地の上にある。このコンクリートの土地の上にも、土を盛れば木も草もはえる。そして季節が来れば花も咲く。

　たった十坪の庭、しかし垣根や、前の家の日蔭にならない庭がそこにある。

　雨の日でも泥んこにならない庭、夏の盛りにも涼風のたえない庭が空中庭園として、バビロンの昔を思わせるように存在しているのだ」

　コンクリートという材料は、大部分が石や砂でできている。それは母なる大地にもっとも近い感触である。だからこそ人工土地にもなり得るのである。

『コンクリートの家』1971年

1955年11月　西洋美術館の設計のために来日したル・コルビュジエを自邸に招く、「これはおもしろい作品だ、ただしタカ、お前でなくては住めない家だ」とコルは語った。
「壁のブロックの間にはめた煉瓦をあまり褒めてはくれなかった。しかし彼は、印度での住宅の壁に日蔭つくりに突出させる煉瓦積みを用いている」（『わが住まいの変遷史』1979年）と、吉阪は回想する*

その以前
「ある住居・一つの試み」より

大正12年の関東大震災の夜の印象

百人町、焼け跡のバラック生活
スケッチ｜－｜1947年7月｜吉阪隆正｜
紙、インク、水彩｜－｜

1945年5月25日

　空から焼夷弾が落ちて、過去の住居を焼き払ってしまった。

　それはかつて大内兵衛氏が建てた家であった。五高で一緒だった父が、スイスから帰って来た時に譲り受けたものだった。

　焼け跡に立って、私は胸をふくらませて、将来の姿を夢見た。そして何とか少しでも努力し、

　試みたいと願った。小さな個人の力で、それは大した結果にはならないかも知れない。しかし、新しい世界への一歩は踏み出される。

　焼け跡に、私はここに家具に屋根だけをつけたバラックを建てた。これが1万円ギリギリの住宅（?）であった。家族3人で四坪半。

　書斎は、書棚に屋根をかけた一坪強のものだった。ここにどうやって7人も8人も入って議論に花を咲かせたか、今となっては不思議にさえ感じられる。

1948年2月12日、今先生を百人町のバラックへご案内。先生写生をされる。第一声（乱雑になった室を見て）どこでも同じだな。次の質問、君の得意とする所はどこだね。第二声、小さいと皆苦心して工夫するね（台所と風呂などを見て）」『わが住まいの変遷史』1979年

パリーからの手紙

1950年、吉阪は戦後第一回フランス政府給費留学生として、突然渡仏が決まる。ル・コルビュジエのアトリエで、2年間、ナント住居単位などの設計とマルセイユ住居単位の現場を担当する。それが帰国後の建築家としての活躍を運命付けることになる。日本にいる妻の冨久さんへと手紙で書き送った、百人町の新たな住まいの計画は、吉阪の出発点である。

『吉阪隆正集 第4巻住居の形態』1986年より

[左] コルのアトリエのメンバーと、
クセナキス、ドーシらと共に*
[右] マルセイユ・ユニテ現場にて　1951年8月14日*

1952年5月22日

今、アトリエの他に日本で建てるための新材料の家の設計をやっています。

これが帰国第一回の作品となると思うとウカウカしていられないので、試金石のつもりでやっています。今一寸考えているのは、こんな形です。

大部分の人からヒデーモノヲツクリヤガッタといわれるようなのをつくりたいと思います。旧来の概念をぶちこわして新しく組み立てたものを、そして、30年後位にあれがやはりエポックをマークしたものだというようなものを。野心は大きいのですが、ブチコワシだけに終わるなら、それでもいいでしょう。子供みたいなものです。でも大人でありたい、と願っています。

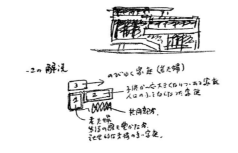
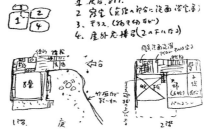

1952年9月3日

アパートの設計のこと、時々考えています。家族集団を一つにまとめたものとして、こんな形です。（上左）

1を父母、2を私、3を弟の昭治と仮定して見てもよいかと考えます。

この坪数約百、ただし有効面積は（テラス、屋根のある庭など含めて）二百坪といった形です。

今これと同じアイデアというか形を一家庭のためにまとめています。一寸、解説を描くと（上右）……。

これは一応大久保の地所を想定してのものです。略これで大体20坪と一寸位のものです。しかし有効なのは30坪以上です。

1952年9月5日

今の所30坪くらいの家としてこんな形を考えています。

吉阪邸エスキス、平面、断面、外観スケッチ
| ― | 1952年頃 | 吉阪隆正* | 紙、鉛筆、色鉛筆 | ― |

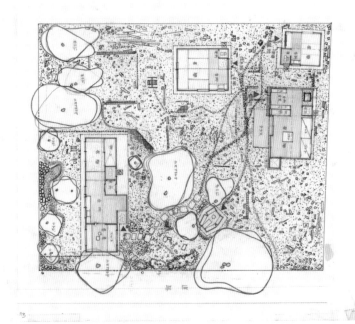

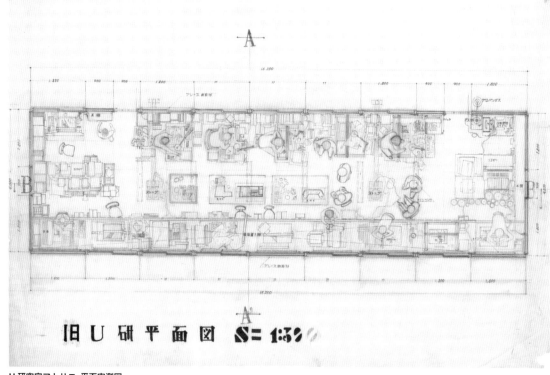

U 研究室アトリエ 平面実測図
1：30 ｜ 1973 年頃｜吉阪正光*｜トレーシング
ペーパー、鉛筆、インク｜401 × 588 ｜ 25%
1962 年自邸の庭に建てられたプレファブのアト
リエ、内部の様子が克明に描かれている

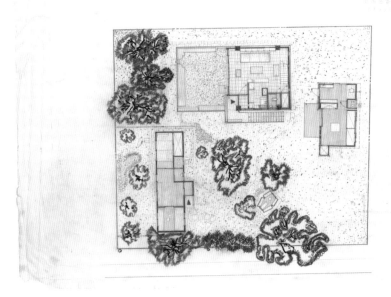

[左 2 点] **配置図 実測復元図**
上 1948 年、下 1955 年
1：100 ｜ 1973 年頃｜吉阪正光*｜トレーシング
ペーパー、鉛筆、インク｜302 × 432 ｜ 29%
1948 年、焼け跡に家具に屋根だけをつけただけ
の吉阪家（右）と友人のバラックと本棚に屋根を
かけた書斎
1955 年、昭和 30 年、吉阪邸新築完成、滝沢先
生結婚する、のメモ

アトリエでは模型を中心に、吉阪と大竹十一も参加してディ
スカッション　1963 年*

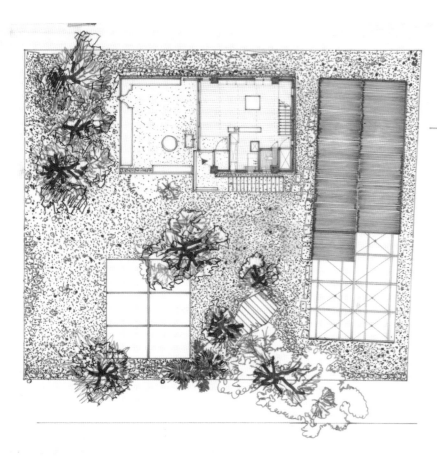

世界中が入口から入ってきた
沈黙したまま
しかし触れる人には
その地方の響きを聞かせてくれる
チベットのヤクの鈴
インドの象使いの鈴
スイスの牛の鈴
ギリシャの羊の鈴
ケニアの足につける鈴
コンゴの山羊の鈴
日本の土の鈴
『ある住居』1960 年

配置図　実測復元図　1961 年
1：100 ｜ 1973 年頃｜吉阪正光＊｜トレーシング
ペーパー、鉛筆、インク｜ 302 × 432 ｜ 41%
1961 年、アルゼンチンから帰国、大学から百人町
に移したアトリエをプレファブで建てる（右）
百人町は吉阪家とU研究室の活動拠点となり、実験
住居吉阪自邸の新しい時代が始まる

［右］キッチンには現寸を描いた窓
［左］本棚にも吉阪が持ち帰ったもの
たちと世界各国の酒瓶がならび、その
数は増え続けていった。住居は吉阪の
行動記録の収蔵場所であり、原稿を書
く書斎であった ＊1964 年 5 月撮影

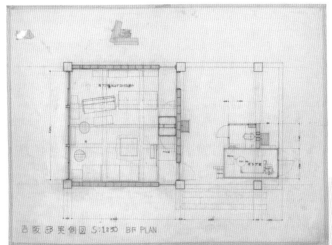

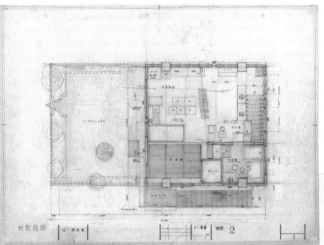

［上左］**1階平面図** ［上右］**3階平面図** 14%
家族の姿と生活を詳細に描き込んだ吉阪邸実測図
は、すべて次男正光氏の図面
［下］**2階平面実測図**
1：30 ｜ 1973年頃｜吉阪正光*｜トレーシング
ペーパー、鉛筆、インク｜389 × 563 ｜ 38%
［右頁］**2階平面実測図 部分** 90% ＊＊＊

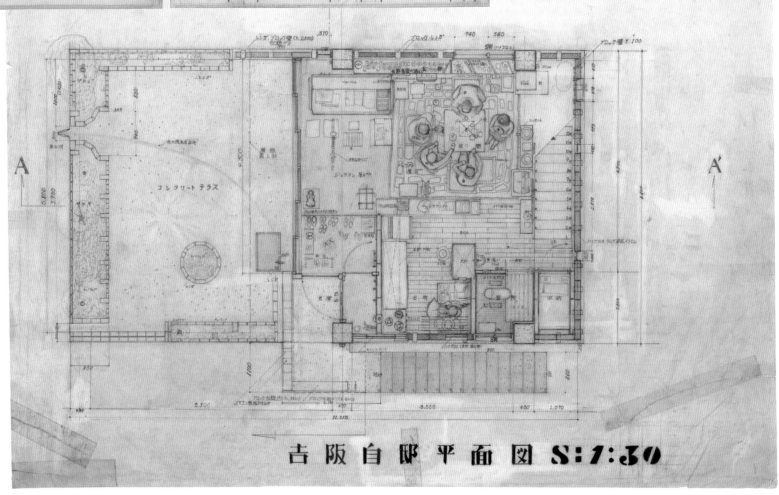

吉阪自邸平面図 S:1:30

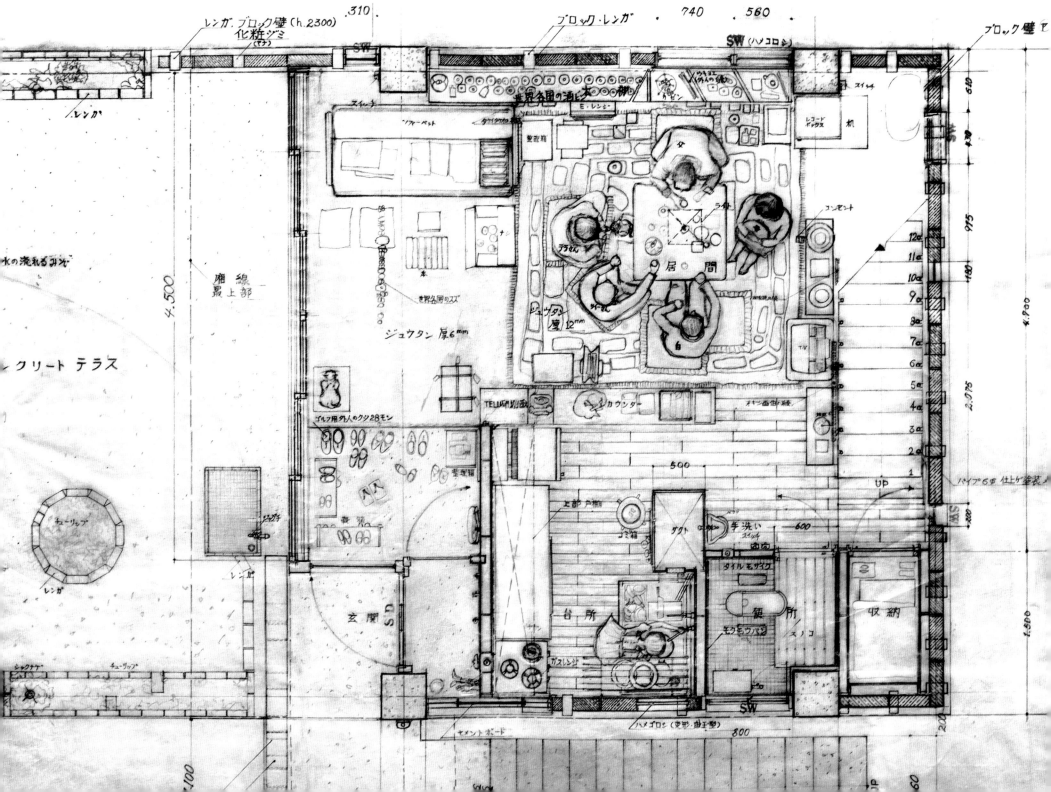

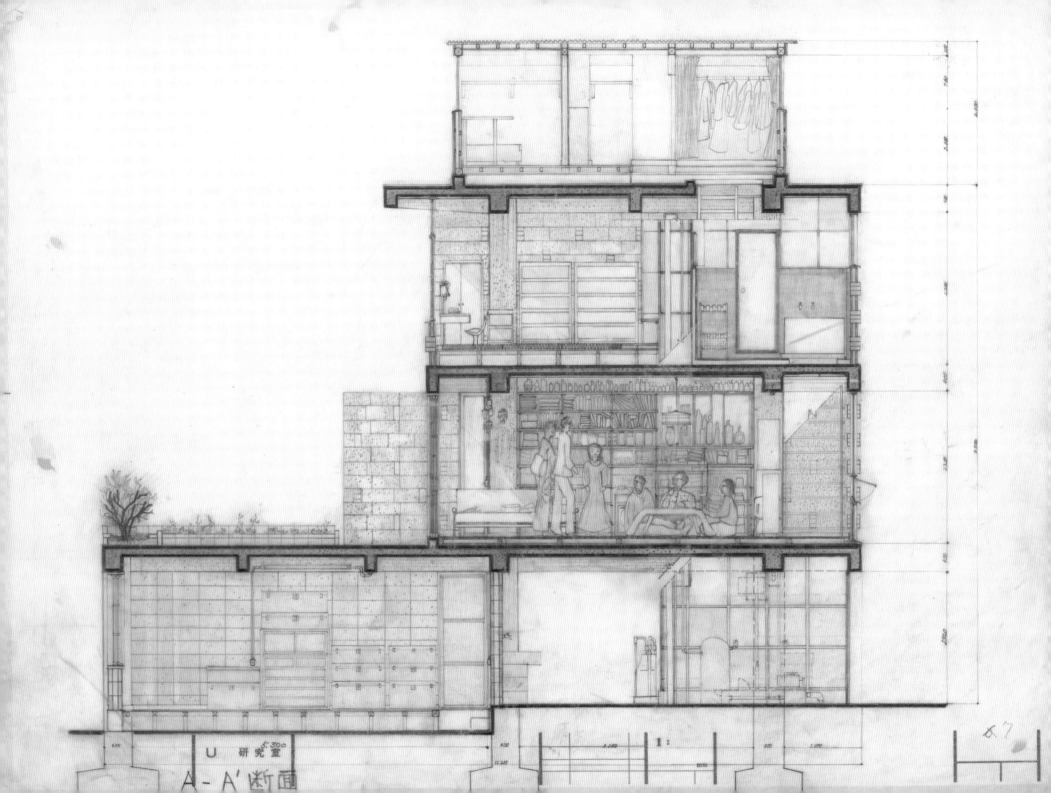

U 研究室
5.300
A-A'断面

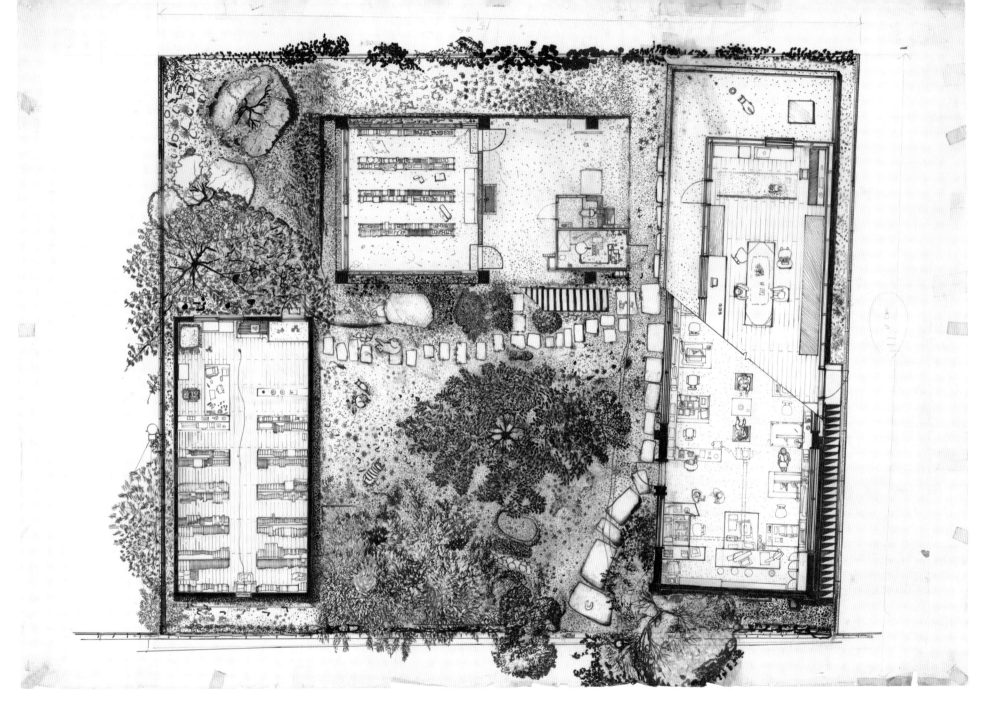

［左頁］**A-A˙ 断面実測図**
1：30 ｜ 1973 年頃 ｜ 吉阪正光[*] ｜ トレーシングペーパー、鉛筆、インク ｜ 400 × 551 ｜ 53%
吉阪と冨久夫妻、長男正邦と輝子夫妻、次男正光、長女岳子の姿が描かれている

［上］**配置図 実測図**
1：50 ｜ 1982 年頃 ｜ 吉阪正光[*] ｜ トレーシングペーパー、インク ｜ 623 × 880 ｜ 30%
門の塀もない自邸の庭、南に書庫、北側には U 研究室を 1973 年に鉄骨造で建替え、2 階に木造で正邦邸を建てた

吉阪自邸と
DISCONT家族

齊藤祐子

[左から] コルの「開かれた手」をモチーフにした風見を現寸模型で検討する／庭で模型を囲んで 1977年／U研の仲間と吉阪家も集まり庭でのアサード 1980年

身体の延長としての住居

新宿大久保通りの喧騒から、その角を曲がり、一歩横道に入ると静けさに包まれる。少し歩くと、草の茂る空き地にコンクリートの住居、吉阪自邸だ。私が過ごした1970年代後半、門も塀もない庭を囲んで、自邸、書庫、U研究室のアトリエが建っていた。

地球を駆けまわる吉阪はほとんど家にはいない。けれど、吉阪と一緒に世界中からたくさんのものが集まってくる。吉阪にとって自邸は、膨大な書籍や資料、収集した民具や石、吉阪につながる記録の収蔵庫であった。地球の多くの地域では、住まいの建物は財産や食料を守る倉庫と眠る場所である。アジアの村では屋外の庭が日々の暮らしの場になっている。ピロティのモダニズム建築はいつの間にか高床の倉へと姿を変えて、山と積まれた本の間にかろうじて人の座る場所があった。人の暮らしは庭から周辺へと広がっていった。応接室は近所の洋菓子店、子供部屋は道路を隔てたマンションやアパートへ。

そんな吉阪自邸は、特別な想いで語られる住居である。私邸でありながら、仕事場でもあり、仲間や学生が自由に出入りする。数多くの出会いや強烈な印象は、吉阪隆正その人と分かち難いエピソードとして語り継がれる、不思議な存在である。妻の冨久さんは「吉阪の内蔵」と形容していた。そして、自邸は急逝した吉阪の後を追うように取り壊され姿を消した。それゆえ、その存在感は失われるところか、時を経てますます吉阪の言動とともに、活き活きと生き続ける。

復興の実験家屋から、「実験住居」へ

焼け跡の復興期、吉阪はコンクリートの実験家屋を建てる。大地を開放するピロティと人工土地。それから5年、吉阪家が南米アルゼンチン滞在から帰国して自邸は大きく変貌する。留守中に大学から自邸に移っていた研究室のために、庭に現場のプレファブ小屋を建ててアトリエとした。ピロティの下に子供部屋（後にここも書庫になる）をつくり、庭には新たにUのお化けのレリーフを持つ書庫。そして1964年には大学に都市計画の吉阪研究室が発足、アトリエはU研究室と改称しメンバーも増える。大学セミナー・ハウスの設計、大島元町復興計画と百人町は設計活動の拠点として、設計と計画を深夜まで語り明かし、誰でもディスカッションに参加できる、吉阪の組織論「不連続統一体、DISCONT」Discontinuous Unity の場所になった。

「南米にいたころよく焼肉のアサードと呼ぶパーティーをやったのが忘れられず、日本に帰っても庭のあるのをさいわいに、よく皆集まって牛のあばら肉を焼いて葡萄酒を飲んだ」（『わが住まいの変遷史』1979年）と吉阪。

庭で焚火をして肉を焼く。来客があれば仲間を呼び、ますます人が集まる。暑くなると、庭の木陰に製図版を出して仕事をする。模型を囲んで、階段に座って打ち合わせ。巨大な現寸の模型をつくり、模型写真を撮り、夕方には野球もした。

コンペで徹夜していると、夜明けの日の出とともに、階段を降りてくる吉阪の下駄の音に響き、スケッチや模型のアイデアを持ってきた。深夜帰宅して、早朝原稿を書き、外出するのが吉阪の日課であった。3階にはカーテンをつけず、朝日とともに活動を開始した。

モダニズム建築の実験家屋は、1960年代、家族の生活の場から、まちを変え、人が集まり、活動する場所の力を伝える「実験住居」へと広がっていった。

まちつくりと人つくり「DISCONT家族」

自邸ですごした時間から、住居がまちを変えてゆき、人のつながりをひろげる力と可能性を実感した。続けて設計した浦邸もピロティを開放するまちつくりの提案である。震災後にまちなみが崩壊した風景のなか、すくっと建つ姿とひらかれたピロティは地域の方を勇気づけたと伺った。1970年代の三澤邸は、人工土地のテラスを囲むように居間、食堂、書斎が分棟で配置されている。それは、あたかも丸くテントで囲んだキャンプである。テントのひとつは個室、ひとつは調理場、ひとつは倉庫、まん中の広場は居間と食堂。登山家の吉阪にとって、理想の住居は、自然の厳しさとギリギリ向き合う山で、命を守るテントだったと私は考える。住居は原型へと遡る。

吉阪はますます世界へと飛び出して不在、百人町の主人は冨久さんだ。「この家には地中海のお天気も一緒に持ってきて欲しい」と自邸の雨漏りを語る、ほんとうに素敵な人だ。U研では徹夜をしては自邸で仮眠、海外からの突然の来客も庭の宴会でもてなす。そして吉阪が留守の間に、階段の上から、部屋に溢れ出たものを投げ捨てる。高価なものも庭に降ってきた。そんな冨久さんの存在が、百人町の家族をどんどん増やしていった。ここに集まり、ここで過ごし、世界へと飛び出していく。吉阪自邸は「DISCONT家族」（『好きなことはやらずにはいられない』2015年）。これは、樋口裕康が愛する寅さんの「とらや」に例えての言葉。

2017年、吉阪生誕100周年の集いには200名を超える仲間が集まった。U研、吉阪研の弟子よりも、吉阪に会ったことのない仲間が増えている。そして、21世紀、東京新宿区百人町、人通りの多い大久保通りを歩くと、世界中の言葉と文字、ものと人が喧騒の中から飛び込んでくる。地球を駆け巡った吉阪隆正にとって、いながらにして世界に触れることができる都市が現れた。

2020年5月

509
吉阪家之墓

1959年
東京・府中 多磨霊園

太陽は月と会う約束です
月はそこにいます　月はそこにいます
けれども太陽には見えません
夜でなければ見えないのです

Le soleil a rendez-vous avec la lune
La line est là　La line est là
Mais le soleil ne la voit pas
Il faut la nuit pour qúil la voit

墓前で、冨久と吉阪研究室出身の郭中端 『建築知識：人物見聞録』1987年11月

[左] 墓碑は生乾きの状態で型枠を外したコンクリート壁に、書家の篠田桃紅氏がインドの詩人タゴールの詩をフランス語で書いた
[右] 右から篠田桃紅、母花子、吉阪、冨久、設計現場担当の鈴木 恂 1959年

103

浦邸

数学者と建築家が
構想した住居

1955年
兵庫・西宮 夙川

［左］ヒマラヤ杉の繁るアプローチ
より見た、西南外観。ピロティを対
角線に抜けると玄関へ上がる階段
1995年 春 撮影
［右］東の庭から道路に開放された
ピロティ、二つの正方形の間につく
られた池に屋根の雨水が落ちる
1994年 夏 撮影

[左頁] 東の窓から朝陽が差し込む居間、
テーブルには朝食のセッティング、壁に
は吉阪がフランスで入手した照明

[左上] 玄関から半階上がった
ホールの左が公的な居間食堂と
キッチン、右は私的な個室と水
回り、階段室の壁には、美輪子
さんの書いた〈1956ねん〉の
書と、家族とともに吉阪の手形
とレリーフ
[左下] アクリル板をモデュ
ロールで割り付けた玄関周り
[右] 玄関ホールの浦太郎氏、
若い頃は太郎氏の手でペンキを
塗り替えた

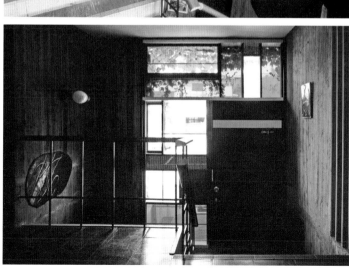

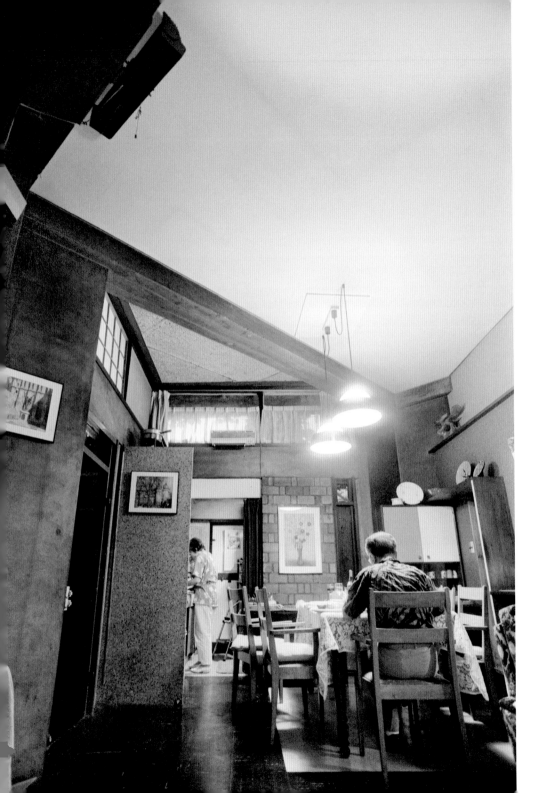

［左］食堂から見るキッチン、右に和室
［下］上下足の区別をつけない浦邸、
　　ホールの浦太郎、美輪子夫妻

[上] 早朝の居間、コーヒーを入れて独り過ごす浦氏
[下] ワインを楽しみながらデイナーのテーブルを囲んで
[右] ピロティで　1994年 夏 撮影

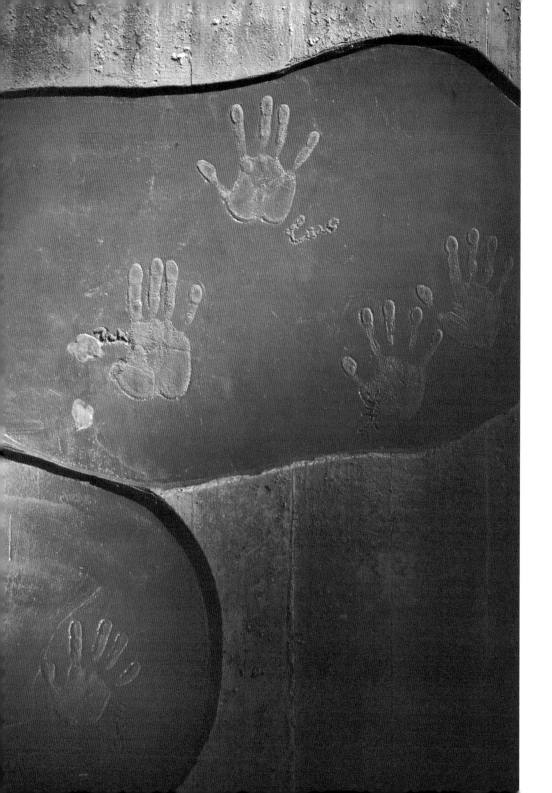

［左］階段ホールの壁に雲のレリーフ、吉阪の手形には Tak のサイン
［右］居間の壁に飾られた、浦太郎氏が撮影、引き伸ばした舞台写真が伝えるのは 1950 年代
のパリの空気

夙川の家

吉阪隆正

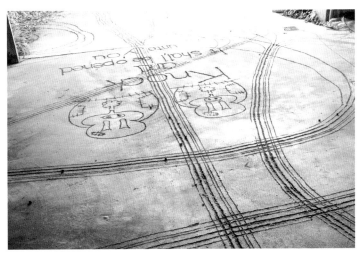

アプローチのコンクリート床には、コルの現場での手法で家族が様々な模様を描いた、家族6人を表す6本の線、Knock and It shall be opened unto you、化学記号などが来訪者を迎える

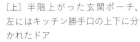

[上] 半階上がった玄関ポーチ、左にはキッチン勝手口の上下に分かれたドア
[右] 池の上に跳ね出した構造の居間の雨戸レール

これもまた人工土地だが、一つ一つが単位となっていて、必要な単位の数をふやしてつなげばよいという考え方である。単位をもっと大きくすれば、町づくりにも使える方法で、のちにもフィンランドのエスポーの都市づくりに提案した。

この住宅では一つの単位が、夜のため個人のための空間をのせ、いま一つの方に昼間のため、皆が集う場をのせている。そして出入りはこれらの中間にある。

床と天井という二枚の床版で開放的な構造ではあるが、室内はどちらかというと閉ざされた気分が求められた。中空に二重壁に積んだ煉瓦、その凹凸による壁面は、壁の厚みを感じさせる。だが残りの開口部はできるなら量産のユニットで始末したかったが、それらの生産されていない時代で、木造でつくることとなっ

た。汽車の窓のような雨戸の方式も、そうした意図だけが形となっている。

コンクリートや煉瓦は土に近い。今日この家には蔦がすっかりまつわって緑の壁となっている。木造ではできにくいことだ。

『コンクリートの家』1971年

形の発見、
プロセスを読む

齊藤祐子

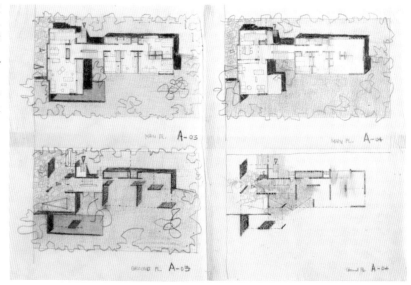

[右] 大竹十一のエスキス。200分の1の平面には家具まで細かく描き込まれている。公私のゾーンを二つに分離したAタイプ2案。左にA-03、2階、1階と右がA-04、2階、1階***
[右頁] 初期の全エスキス、161枚。設計条件からプランの検討をし、それぞれに水回りや個室のヴァリエーションを展開する。同時に構造、断面、立面のスケッチをすすめ、最終段階で6タイプに分類。上からA、B、C、D、そしてP、Qタイプのプラン、外観パース、構造メモなど***

1956年に竣工した〈浦邸〉は、吉阪隆正が1954年に吉阪研究室（1964年にU研究室と改称）を開設し、5人の創設メンバー吉阪、大竹十一、城内哲彦、滝沢健児、松崎義徳が共同で設計に取り組んだ最初の作品である。そして、不連続統一体という吉阪理論を実践する設計態勢をつくるきっかけとなった重要な住宅でもある。

また、〈浦邸〉ではル・コルビュジエのアトリエでTakのサインのある図面を数多く描いていた吉阪が、自ら手を動かし、形を決定している。帰国後、最初に設計をした〈吉阪自邸〉、そして〈浦邸〉〈ヴィラ・クゥクゥ〉〈ヴェネチア・ビエンナーレ日本館〉を最後に、その後吉阪は図面を描かずにディスカッションと模型、スケッチで形を引っ張り、全体の構想、ディテールのアイデアを示し、建築をことばと形で次々と提案していった。

〈浦邸〉では初期の手探りの状態から形を発見し、決定するまでの200枚近いエスキスが残されている。そこに、手を動かしながら、考える、発見する、展開する、設計のプロセスを辿ることができる。植物が芽を出した土地の条件に適応しながら生長する姿を想起させるような、有機的な形の生成プロセスである。形を発見するまで、エスキスをし、模型をつくり、何人ものメンバーが議論を重ねながら、設計を進める方法はその後のU研究室でも変わる事はなかった。1970年代、人数が増えても一つのプロジェクトの担当者が設計条件をまとめて全員に配布し、それぞれが案を出してディスカッションをする。建築は一度建てれば長い時間を重ね、多くの人の価値観にさらされるものである。エネルギーと時間を掛け、全てのメンバーが納得する案をつくるまでエスキスを重ねる。それは共同設計の戦いであった。

敷地探しから始まった〈浦邸〉のエスキスは、吉阪生涯のパートナーとなる大竹十一が200分の1、12cm×8cmのトレーシングペーパーを重ねて進める。161枚

のエスキスを設計条件からタイプ別に整理する。年末から新年に掛けてのまとまった時間を使い、キャッチボールをするように、吉阪がエスキスを重ねていく。建築費のメモから、床面積を算出した平面図に、対角線の補助線、そして二つの正方形が現れる。形の発見である。

最初の相談から一年、敷地が決まってから半年後、浦氏との設計打ち合わせが始まる。その後、細かな条件を入れながら、家具を配置しプランを展開。構造の検討から、中心の十字柱でつながっていた二つの正方形が分離し、ずれ、大きさも変化して最終プランの決定である。

工事のための実施図面も独自の展開をする。コンクリートの構造と煉瓦積みの壁、そして木造の建具の構成。木製建具は全ての平面、断面を原寸で描いた。触る、つくるを表現する原寸図はその後の吉阪建築の武器になる。そして、現場に入っても設計は終わらない。寝室のブロック壁に残された鏡の形をスタディする線や、レリーフなどには、手の跡と身体感覚、現場でつくる楽しさが溢れている。

住まいは個人の生活を守り、育てるために建てられるが、同時に社会的な存在でもある。個人の住まいはまちなみをつくるまちつくりの原点である。十分なメンテナンスのもとに50年を重ねた〈浦邸〉から、建てること、住むことへの建主と建築家の意志が今も強く伝わってくる。

『住宅建築』2008年4月

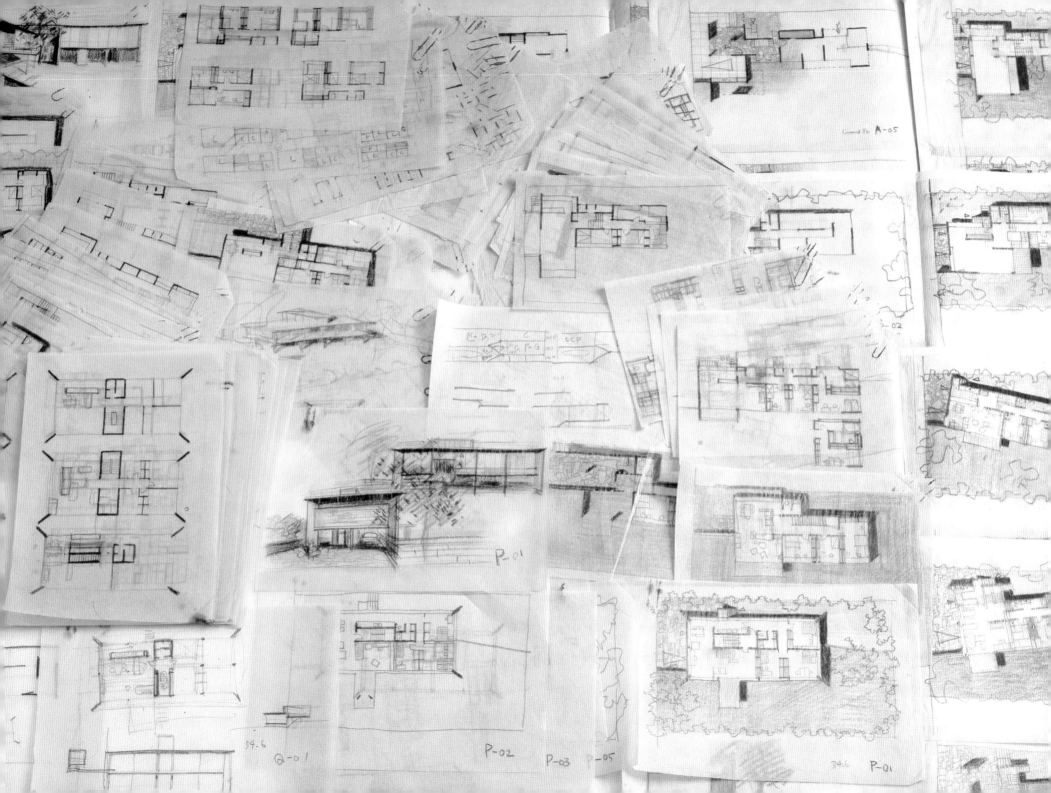

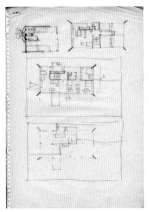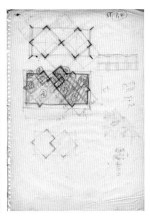

[左] 吉阪が引き継いだエスキス。大竹案をトレースして検討。Pタイプの平面に引かれた対角線と、左上にA.I.U、浦、ビエンナーレのメモ

[右] 1月4日、5間×10間の長方形に45度に振れた二つの正方形が現れる。飛躍の瞬間である。

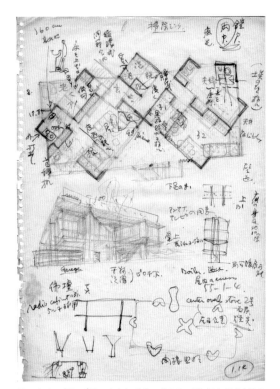

そのまま一気にプランをまとめる。そこに、55年1月14日の浦夫妻との第一回打ち合わせメモが細かく書き込まれている

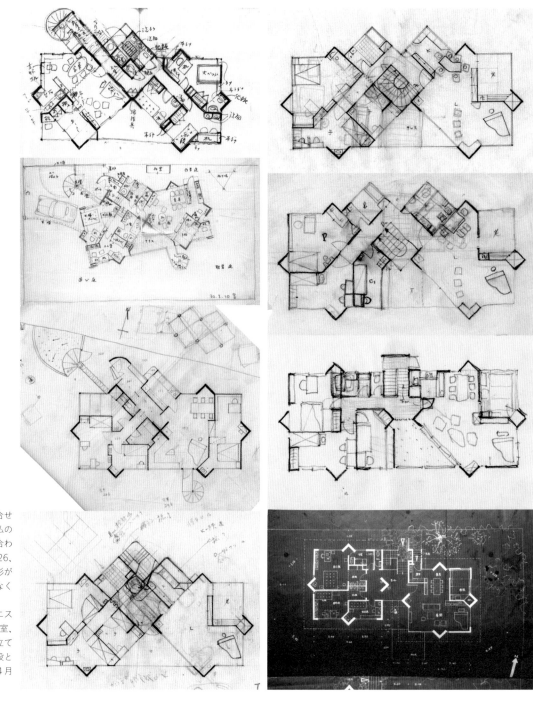

[左] 上から、1月22日吉阪、打合せ内容を検討／2月10日吉阪、公私のゾーンが入れ替わり、第二回打ち合わせプラン／3月20日、天井高226、183とモデュロールのメモ／正方形が離れ、公私のゾーンのレベル差がなくなる

[右] 上から、3月26日の日付、エスキスに赤を入れながら階段、老人室、個室の検討／二つの正方形の組み立てがはっきりとしてくる／北側の階段とテラスが公私のゾーンを分ける／4月4日大竹、最終案かたまる***

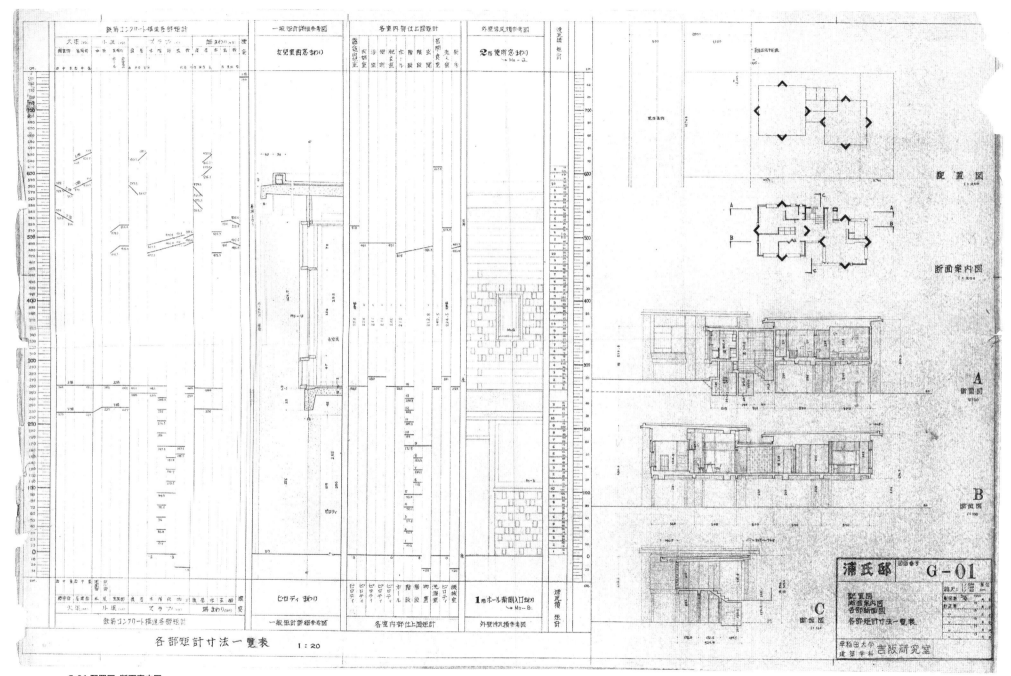

G-01 配置図　断面案内図

1：200／各部断面図　1：100／各部矩計寸法一覧　1：20
｜ 1954 年｜大竹十一｜紙 青焼｜ 515 × 798 ｜ 37%
図面表現の合理化を試み、この図面一枚で断面の情報を全て表現している。

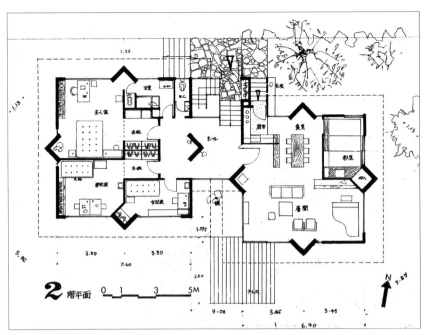

[左上] **2階平面図** 1：100｜1954年4月4日｜
大竹十一｜紙 青焼｜—｜
[左下] **家具詳細図** 1：10｜1954年8月18日｜
吉阪隆正｜トレーシングペーパー 鉛筆｜—｜
Takのサインのある吉阪が設計した食卓と椅子の
家具図面、製作はされなかった

[右頁] **Ms-208 枠各部原寸図**
8｜1：1｜—｜大竹十一｜紙 青焼｜—｜
枠平面の原寸図、大竹はすべての枠の平面、
断面を原寸図で描いた

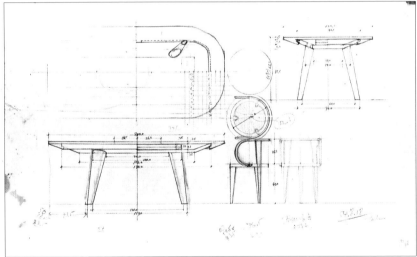

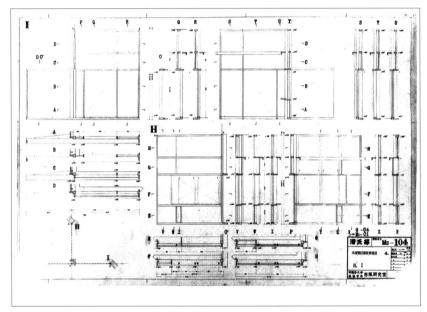

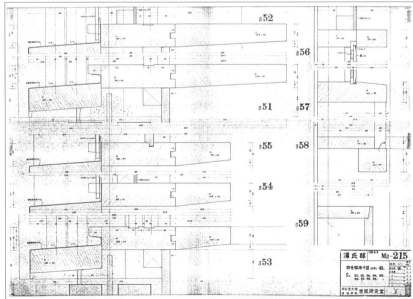

[右上] **Ms-104 外壁開口部枠詳細図（H、I）** 1：20｜—｜
｜大竹十一｜紙 青焼｜—｜
居間南西コーナーの開口詳細図20分の1、外観と各部
分の断面と平面の詳細図は、1分の1の部分原寸図の
キープランになっている
[右下] **Ms-215 枠各部原寸図6** 1：1｜—｜大竹十一｜
紙 青焼｜—｜
枠断面の原寸図、同じように平面も原寸図で描いて指示

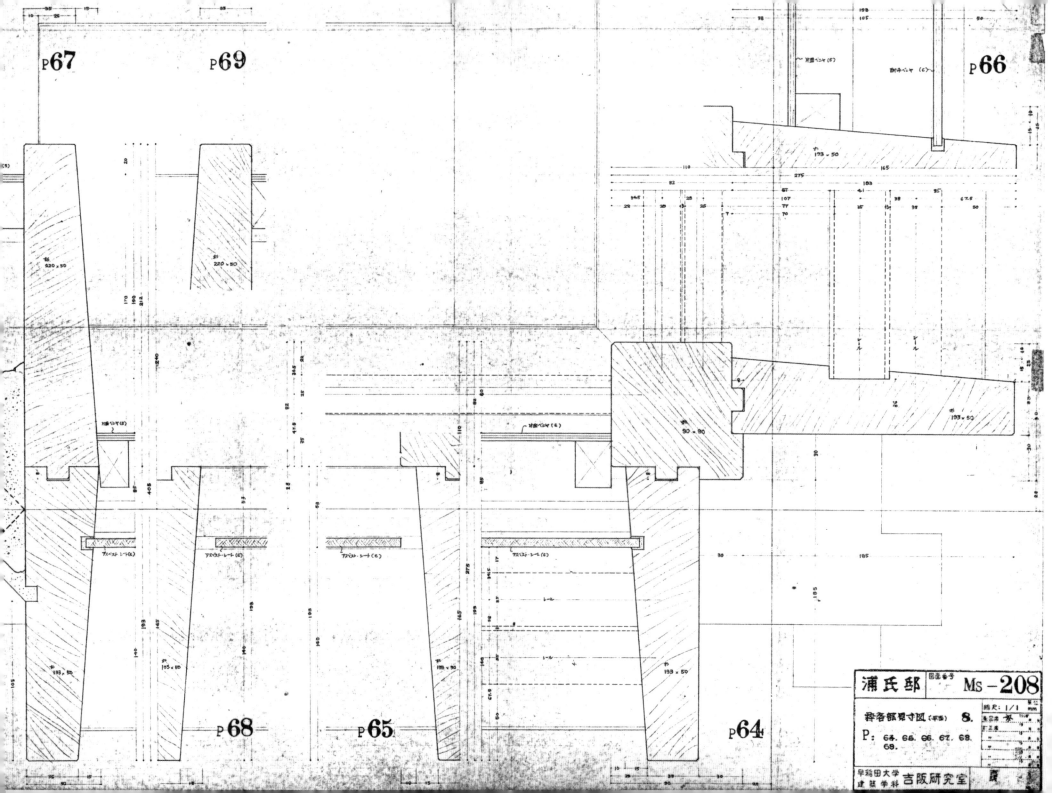

P67   P69   P66

P68   P65   P64

浦氏邸　図面番号 Ms-208

将各額見寸図（平面）　8.

P: 64. 65. 66. 67. 68. 69.

縮尺: 1/1 mm

早稲田大学建築学科　吉阪研究室

浦 太郎、美輪子夫妻に訊く
「浦邸」誕生の瞬間

インタビュアー：吉本 剛（吉本剛建築研究室）
齊藤祐子（atelier SITE）

［左から］1952.1.6 浦太郎君写す、と記された、パリ、コンコルド広場に立つ吉阪／浦太郎撮影の北外観／書斎と寝室／和室

パリでの出会いが生んだ住まい

吉本：パリで吉阪先生に初めてお会いしたということですが、いつ頃ですか。

浦太郎：1951年です。

齊藤：50年に吉阪先生が戦後第1回のフランス政府給費留学生としてパリに行き、浦先生は51年の第2回給費留学生です。

浦太郎：船でマルセイユに着いた時に、マルセイユでコルビュジエがつくっていたユニテダビタシオンの現場監理をしていた吉阪が出迎えに来てくれました。その後、パリに戻った吉阪と、留学生のための宿泊施設である薩摩会館で1年近く一緒に過ごしました。帰ってから神戸大学に行くことは決まっていたので、神戸に家を建てようと思っていて、吉阪に設計をしてくれと言うと、OKと。吉阪と一緒に土地を探して、ここに決めたのです。

浦美輪子：いろいろ探して、ここは交番が隣にあって、用心がいいとおもい決めました。

齊藤：震災前は、戦前の街並みが残る落ち着いたお屋敷街の一角でした。

浦太郎：震災の後、道路拡張のために西側のアプローチがなくなりましたが、建築許可をとろうと思ったら最初から拡幅計画があったので、急いで東側を買い足し、東側に建物を下げています。

齊藤：コルビュジエのアトリエから帰国して設計した浦邸では玄関のアクリルや開口部の割り付け、材料の寸法、プロポーション、全部モデュロールで決めています。U研究室では、建築やまちづくりの基本は住宅にあると考えていたので、住宅の設計を何よりも大切にしていました。吉阪先生のその後の設計の元になるものが浦邸にはたくさんあるような気がします。

吉本：考えて、考えて、考え込まれたものですよね。

プラン決定まで

齊藤：浦邸の工事の途中でヴェネチア・ビエンナーレの工事が始まり、吉阪先生はイタリアの現場に行ってしまいます。

浦美輪子：東京から来た3人の大工さんが庭に小屋を建てて、自炊しながら、夜おそくまで仕事をしていましたよ。

浦太郎：ホールの壁に埋め込まれている照明器具のタイマーは吉阪がヴェネチア・ビエンナーレの現場が終わって、帰る時にイタリアで買ってきたものです。

齊藤：56年春、完全に完成する前に、居間にベッドを入れて生活を始めて、ヴェネチアから帰って来て、レリーフや照明を付けて秋にやっと工事が終ります。

吉本：浦邸とビエンナーレが同時に進行しているのは、すごく興味深いですね。

浦太郎：煉瓦造ではないけれど、基本的な構想が非常によく似ていますね。

吉本：それも単純な構造ではなくて、特殊な二つのピロティがあって、浦邸のエスキスが変遷していく過程で、最初長方形だった構造体が、正方形二つになった。

浦太郎：最初は二つの正方形が真ん中でくっついていたんです。

吉本：この正方形のプランがずれた瞬間が設計者としては幸せだっただろうなと思います。発見ですよね。

浦太郎：最初に見せてくれたプランが2案あって、くの字の柱に惹かれてこれでいこうということになってから、現在のプランになるのはかなり後ですね。

吉本：ピロティにされるということに対して、何かご説明はありましたか。

浦太郎：薩摩会館の横にあったコルビュジエのつくったスイス館がピロティになっていて、二人で眺めながらこれにしようと。

齊藤：住宅では手軽な増築場所としてピロティが塞がれてしまいますが、ピロティのまま、上下足の区別無しで50年生活をし続けているのは浦邸しかありません。浦邸を設計していた頃、吉阪先生が一番に考えていたのは、個人の住まいが町をつくっていくということでした。

東京は焼け跡のバラック再建という状況だったので、コンクリートで建物をつくり、ピロティにして、塀もつくらないで土地を開放すれば、町に開放された場所がどんどん増えていくという考えでした。自邸もピロティは書庫で塞がれましたが、庭は最後までずっと開放されていました。

吉本：上に上がることで、道と建物の距離ができますよね。浦邸が地面にくっついている状態は考えられないですね。

齊藤：57年に竣工したヴィラ・クゥクゥは、ピロティ案もありましたが、地主さんが北側に住んでいて、その南側に土地を求めて家を建てることになったので、ピロティ案にすると地主さんの家が日影になってしまうので、平屋の案を選んだと聞いています。ピロティ案を採用していれば、自邸、浦邸、ヴィラ・クゥクゥと三つのピロティの住宅ができていました。

浦太郎：鉄筋コンクリートにする。靴を履いたまま上がれるようにする。居間とプライベートな場所を分けること。この三つはパリで既にこちらから希望しましたが、それ以外は吉阪を信頼していたので彼に任せました。全く不満はなかったというわけでもない。途中で、設計図を見せてもらった時に、いろんな注文をしたんですが、ほとんど聞いてくれました。ホールの階段幅は僕が1m40cmにしてくれとこちらか

ら言って、そうしてくれたんです。

齊藤：手紙でのやりとりが残されていますが、本当に細かいところまで打ち合わせをしていますよね。実際に建てるまでに。

浦太郎：手摺の形も僕の注文です。初めの設計は楕円形だった。僕があの形にして、外側を低くしてほしいと言うと、すぐにOKと。普通の設計者だったら、自分の意見を主張すると思うけれど。

齊藤：池の形を車寄せと相似形にする提案とか、楕円の形や手摺の向きなどへの注文は、やはり、数学者としての浦先生の形へのこだわりともいえます。本当の意味での共同作業ですね。

浦太郎：個室に洗面台を付けたのは日本では画期的なことだった。それは僕のアイデアですよ。残念だったのは、天井が焼けて暑いことと足が冷たいことです。一番いい解決策が温水床暖房ですよ。金がないからできなかったけれど、吉阪の設計では入っていた。床暖房でなくても、なにか断熱材を入れておいたらよかったんじゃないかな。

柔らかな表情をもつ煉瓦壁

吉本：壁は二重になっているんですか。

齊藤：煉瓦のところが二重になっています。

浦太郎：普通の煉瓦の積み方とは違っているのです。隣り合う煉瓦を横に平行に二列並べて、

さらに所々にこれと直行に煉瓦を入れて外側に飛び出させています。煉瓦の間に断熱層ができるし、そこに鉄筋も入ります。非常にいいアイデアだと思います。

浦美和子：煉瓦の積み方が変わっているので、職人さんがとても時間をかけて苦労したところです。震災で煉瓦が一つも壊れなかったのは、構造もさることながら丁寧なお仕事のおかげです。

吉本：そもそもどういう理由でこういう積み方をされているんですか。

浦太郎：煉瓦を二重にするのは断熱のためです。煉瓦を直交させて飛び出させるのは、影をつくるためです。日光を遮断するためだということは、吉阪から説明がありました。

吉本：根本がそこにあってこのデザイン、このディテールになったんですね。

齊藤：50年代後半のインドのコルビュジエの仕事と吉阪先生の日本の仕事というのはほとんど同時期ですから、フランスでのコルビュジエの仕事ではなくて、インドの仕事の考え方が影響しているように思います。

吉本：表情としては柔らかいし、そこには機能があるんだけれど、機能からのみのまとめ方ではないんですよね。

齊藤：機能を手掛かりにしながら柔らかく、表情をつくっていくということだと思います。

震災に耐えた構造体

吉本：コンクリートを打つという技術は、当時住宅では使われていたんですか。

齊藤：ものすごく限られていましたよね。浦先生の撮られた写真で見ると、番線で型枠を引っ張って、養生をしているのは筵です。既成のコンクリート打ちの材料はないわけです。現場でコンクリートを練っていたので、浦邸ではすごくしっかりしたコンクリートが打たれています。

浦美輪子：まだ、ミキサーがないときでしたから、バケツで運んでいましたよ。だから堅いコンクリートが打てて、後で設備の穴をあける時にとても堅いと言っていました。

吉本：全部現場ですか。信じられない。

齊藤：いまはコンクリートの強度はあてにならないと言われていますが、こういうつくり方をしていれば、きちっとした強度が出ています。コンクリートの壁柱の構造と床と屋根のスラブがあって、その間の煉瓦と木製建具は全く別の組み立てです。震災の時にはそこに隙間が空いた。だから、躯体を傷めないで、煉瓦と建具とコンクリートの構造体の隙間で衝撃を吸収しています。完全にエキスパンションのような構造になっています。

吉本：そうです、ドミノですよね。柱があって、あとはスラブだけで。カーテンウォールに

なっていて。ヴェネチア日本館と浦邸の構造は、構成の仕方がよく似ていますよね。

浦太郎：ヴェネチアはここのコピーみたいなものだよ。ここの構造体の一つだけを持って行った。

齊藤：ヴェネチアの初期案で、浦邸の構造体の一つだけを大きくしたようなスケッチがあります。

吉本：八王子の大学セミナー・ハウスの構造はどうなんですか。共通点はありますか。

齊藤：八王子の本館などはシェル構造で、面で構成しています。ただ、一つひとつの建物を見ていくと、起伏のある地形を活かしたまま、壁が構造体になって、人工土地としてコンクリートの床と屋根があって、その間を木造でつくっています。浦邸もくの字型の壁柱ですよね。壁柱でピロティを持ち上げています。構造の考え方としては、浦邸の一つがビエンナーレになって、これがたくさん並んでいくとセミナーの建物になります。形は違うけれども考え方は同じです。吉阪先生は違う発想が出てくると、とにかくそれをやってみよう、新鮮な提案が出てくると形がどんどん展開していくことが多かった。建主さんと一緒に町をつくっていくという感じで住宅を設計していたような気がします。とにかく、壁をつくるとか、塀をつくるということが大嫌いでした。

吉本：僕らも今から、考えていかなければいけないことですよね。　　『住宅建築』2008年4月

204

ヴィラ・クゥクゥ

蝶ネクタイのむこうがわ

1956年
東京・渋谷 代々木

[左頁] アプローチから見る東南の外観、近所の子どもたちに象さんの家と呼ばれる

[左] エントランスまわり、照明を組み込んだ建具枠とのぞき窓のある玄関扉、入口には「VILLA COUCOU」のレリーフとコンクリートのジャンかに刻んだレリーフ、杉板型枠打ち放しコンクリートに新しい表情を付け加えたのが、彫刻家 坂上政克氏

[右] 型枠を割り付けて仕上げた、コンクリート打放しの粗々しく温かさのある肌触り

［左頁］居間から左手にキッチン、東側の奥に書斎と中二階の
寝室、最初は山小屋のように梯子を架ける計画だった
［左］現場製作のプレキャストコンクリート階段と小さく開け
た色ガラスの明かり
［右］やわらかな光をおとすトップライトとキッチンの排気筒

［上］階段からキッチンを見下ろす
［下］かつては富士山を望むことができた
西の庭からの木洩れ陽

トップライトのやわらかな光の動きに、ゆっく
りとゆっくりと時を感じる室内が夕刻の光に変
わる時、コンクリートで閉ざされた室内では、
光の変化が時の移り変わりを強く感じさせる

コンクリートの家

吉阪隆正

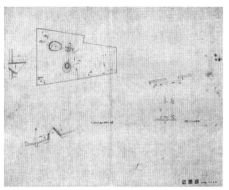

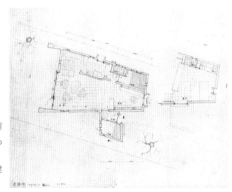

［左］**1 階、2 階 平面図**
1：50 ｜ 1957 年 10 月 17 日 ｜ 滝澤
健児 ｜ 紙、青焼 ｜ 385 × 495 ｜ 12%
［右］**屋根伏図**
1：50 ｜ 1957 年 3 月 26 日 ｜ 滝澤健
児 ｜ 紙、青焼 ｜ 408 × 520 ｜ 11%

　ここには土地をつくる問題はなかった。東西に細長い敷地で、すぐ北には隣の縁側があって、まるで庭先に立つような恰好である。この敷地のよさは、西に向かって開いていて、隣地はほとんど垂直な崖下なので妨げられず、晴れた日には富士山の眺められることだ。

　しかし南側の隣はむしろ高くなっていて、しかも二階建てで見下ろされているし、決して条件がいいとはいえない。

　住むのは夫婦だけ、それなら国分寺の家と同じような組み立ても可能なのだが、もう一つ書斎をつけてほしいという要求があった。いろいろ組合せて見ても、どうも一つだけ半端が出て、何としてもまとまらない。思い悩んでいた頃に、ちょうど私の勤める大学では入学試験があって、私も監督として試験場に立っていた。これは実に退屈至極な役目であるが、幸い私はヴィラ・クゥクゥの課題を考えるという別の仕事があった。退屈なままちょうど手に持っていた紙切れを折ったりたたんだりしながら、うまい知恵はないものかと思案しているうち、ヒョッと手に持った紙片を眺めていてこれだと思った。

　四角にすることに拘わっていたからいけないことをその時さとらされたのであった。

　このことで、富士は眺めたし、夏の西陽はさけたしという難問も同時に解決の糸口がつかめた。

　だが、この家にはまた難問をつきつけられた。工事が進むにつれて、とにかく四

角でない形なので傍を通る子供たちが象の家ができると評したのだった。だがその程度ではまだよかった。仮り枠を外して見たら、あちこちに「ジャンカ」（コンクリートがよくまわらないで、すのようなものができること）があらわれた。仮り枠のつくり出す模様をそのまま国分寺の家の場合のように生かして造形しようと考えていた際だから、これは痛手であった。上からタイルなど張ってしまう時は問題ではないのだが、何しろ道路に面した正面の壁なので困ってしまった。

　しかし困ったことの生じるのは、何か新しい良いことを考える動機にすればいいのである。壁に傷がついているなら、傷を傷でなく飾りにしてしまおうと、彫刻家の坂上さんに相談した。ピカソが煉瓦のかけらを拾ってきて、それにちょっと手を加えることで鶏の頭にしてしまったことを思い出したからである。

　傷と思われていたものを逆に利用して、抽象彫刻で飾ってしまうことにしたのである。

　鋳物のようにしてつくるコンクリートは、全体が一つのかたまりであるから、彫刻家が石や粘土を用いて形をつくり出すのとよく似ている。その意味で構想を進めていく時も、油土のような材料で検討した方がやり易い。バルサ材などで考えているととかく平板の組合せで考えてしまう。それがこのヴィラ・クゥクゥの設計の時の感想である。紙片を自由に折りまげて考えたことは、粘土に近い可能性を教えてくれたのであった。

『コンクリートの家』1971 年

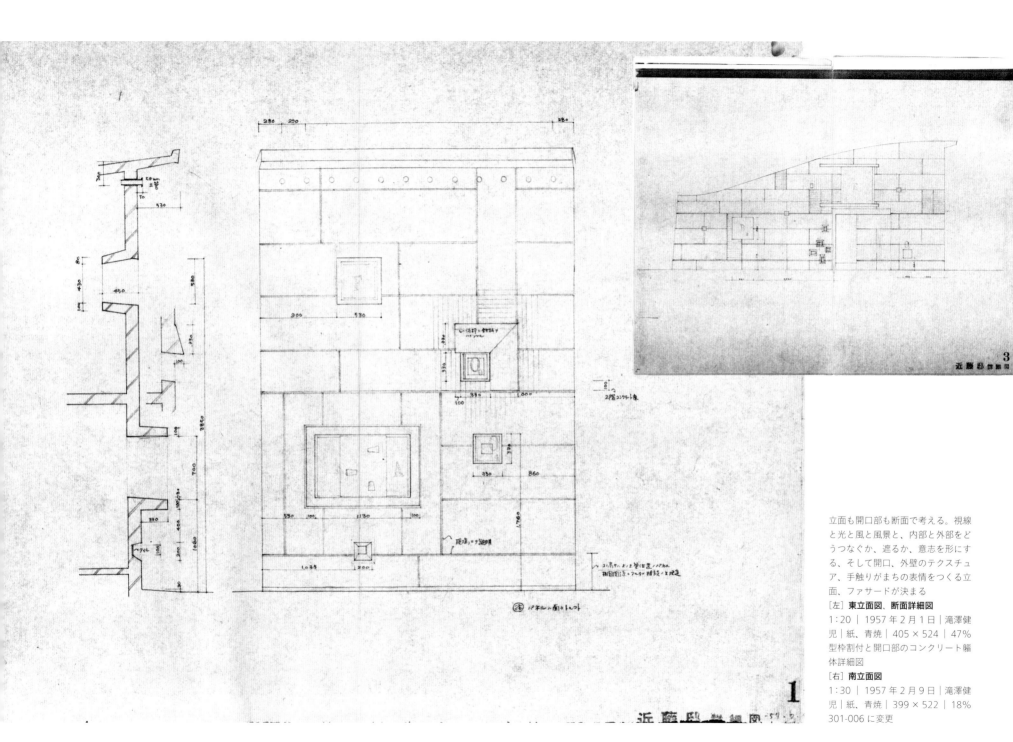

立面も開口部も断面で考える。視線
と光と風と風景と、内部と外部をど
うつなぐか、遮るか、意志を形にす
る。そして開口、外壁のテクスチュ
ア、手触りがまちの表情をつくる立
面、ファサードが決まる

[左] 東立面図、断面詳細図
1：20 ｜ 1957 年 2 月 1 日｜滝澤健
児｜紙、青焼｜ 405 × 524 ｜ 47%
型枠割付と開口部のコンクリート躯
体詳細図
[右] 南立面図
1：30 ｜ 1957 年 2 月 9 日｜滝澤健
児｜紙、青焼｜ 399 × 522 ｜ 18%
301-006 に変更

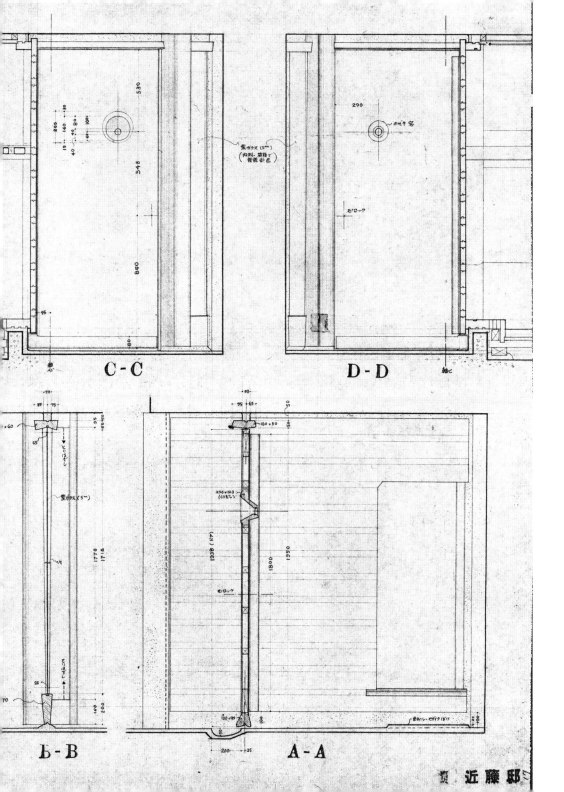

C-C

D-D

Ｂ-Ｂ

A-A

近藤邸

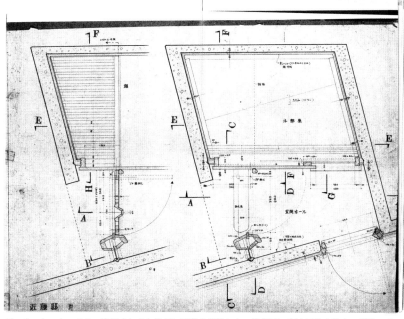

ヴィラ・クゥクゥでは、玄関まわりと建具に表現を集約した。詳細図、原寸図は大竹十一が描いている。玄関建具の框、のぞき窓、照明を組み込んだ建具枠、上框、幅木など空間を構成するすべての要素を原寸で考えた。図面にその場の空気を吹き込むために、コンクリートの骨材の砂利、砂まで描きこむ

[上] **玄関周り 平面詳細図** 1：10 ｜ － ｜大竹十一｜紙、青焼 ｜ 389 × 527 ｜ 20%
左は玄関建具、右は枠詳細と床の排水溝詳細、断面位置のキープラン
[左] **玄関建具周り 断面詳細図** 1：10 ｜ － ｜大竹十一｜紙、青焼 ｜ 396 × 527 ｜ 40%

玄関ホール、建具の外側の排水溝と居間への踏み込み

[次頁左] **玄関建具まわり 断面原寸図**
1：1 ｜ 1957 年 5 月 22 日｜大竹十一｜紙、青焼 ｜ 387 × 529 ｜ 56%
左から、袖壁の幅木と上框、建具のぞき窓、建具と枠
[次頁右] **玄関建具枠 平面原寸図**
1：1 ｜ 1957 年 5 月 22 日｜大竹十一｜紙、青焼 ｜ 387 × 529 ｜ 56%
建具枠に組み込んだ照明は袖壁のガラスに光を当てる、枠の一部を取外して電球を取り替える

43

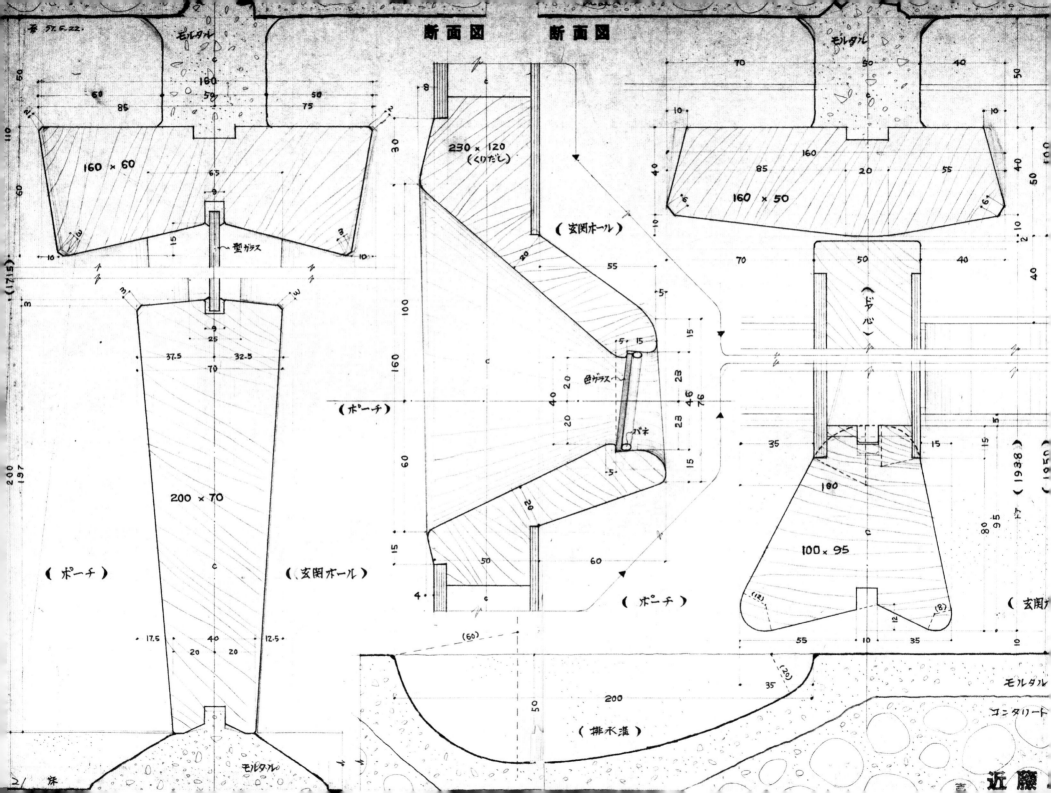

番 57.5.22.

モルタル

160

50

85　　　　　　50

75

160 × 60

6.5

9

～型ガラス

15

10　　　　　　　10

3　　　　　　　　　3

3

9

25

37.5　　32.5

70

200 × 70

(ポーチ)

17.5　　40　　12.5

20　　20

モルタル

モルタル

床

230 × 120
(くりだし)

(玄関ホール)

20

55

100

160

(ポーチ)

色ガラス

バネ

5　15

15

23
46
76

23

15

60

20

15

50　　　　60

4

(玄関ホール)

(ポーチ)

(60)

(20)

35

200

50

(排水溝)

モルタル

モルタル

70　　　　　　50　　　　40

10　　　　　　　　　　　10

160

85　　　　20　　　55

160 × 50

70　　　　　50　　　40

(ドア心)

35

100

15

100 × 95

(12)　　　　　　　(8)

55　　　10　　35　　10

(1938)　　(1950)

80
95

(玄関ホ

コンクリート

近藤

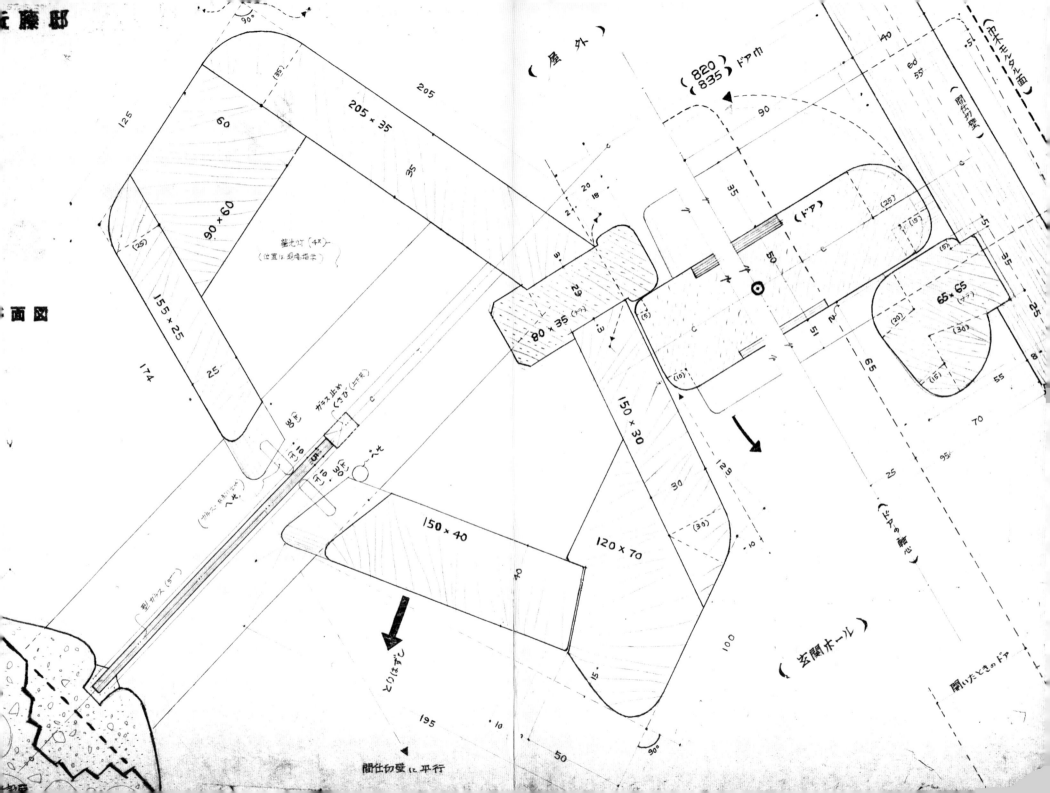

蝶ネクタイの向こうがわ

齊藤祐子

［左から］最初に提案したピロティ案のスケッチ／吉阪研究室のメンバー、前列左から 鈴木恂、戸沼幸市、滝澤健児、後列左から松崎義徳、大竹十一、沖田裕生、城内哲彦　1997年／居間の壁にスイスの友人から贈られた山の絵を飾り、撮影を依頼される　1997年／居間での近藤等氏／近藤和香さん（左）と施工の小松原和夫氏と小松原工務店のみなさま

大陸につながる50年代の吉阪研究室

　あの頃、半世紀前の1950年代、吉阪隆正のまわりに集まったメンバーは振り返る。「深夜まで大学にいて、とことん時間と人手をかけて細かなところまで考えた」「ホントにお金がなかった、みんなカスミを食べていると言われた」そこでは、誰もが建築を設計するという特別な時間を生きていた。

　創設メンバーの一人滝澤健児氏に当時のことをあらためて伺った。滝澤氏は浦邸、十河邸、そしてヴィラ・クックゥの実施設計、現場を担当し、64年大学セミナー・ハウス設計の初期まで在籍した。「1952年にパリ、ル・コルビュジエのアトリエから蝶ネクタイの吉阪は颯爽と帰国した」そして、大学で設計を始めた吉阪研究室（64年にU研究室と改称）は人が集まり、活気に満ちていたと振り返る。

　設計競技では台湾・東海大学計画1等、ブラジル・サンパウロビエンナーレ三年連続の最優秀賞受賞、そして、1956年にはヴェニス・ビエンナーレ日本館の竣工。帰国講演した蝶ネクタイの吉阪と実作の図面に魅せられて、吉阪研究室を訪ねたのは、建築家、鈴木恂であった。

　鈴木は大学院時代に日仏会館の設計に参加し、中米調査へと旅発っている。「当時、第二次世界大戦でヨーロッパは疲弊していたが、中南米は元気がよかった」と語る。吉阪が急逝する直前、共に中国大陸を旅している。

　50年という時間を越えて振り返ると、吉阪が蝶ネクタイと共に復興期の建築界に吹き込んだ風は、ヨーロッパ経由のアジアや中南米のエネルギーであった。当時、パリのコルのアトリエではインド、チャンディガールの新都市計画が中心プロジェクトであり、メンバーはギリシャ、コロンビア、インドから集まっていた。二年間のフランス留学を終えた吉阪はヒマラヤにひかれ、ヨーロッパからチャンディガールの現場経由で帰国した。55年、西洋美術館の設計のために日本を訪れたコルは、短い滞在の後インドへ発っている。建築界では伝統論争がおこり、情報のアンテナは欧米へとむかっている50年代、吉阪とコルの行動基点は自然と共に生きる、悠久の時間が流れているインドであった。

　戦災復興期の都市では、建築家の課題はまちつくりと住まいの問題であった。小住宅の設計、工業製品としてのプレファブ化の試み、公団住宅の建設、住宅金融公庫の制度、そして高度経済成長期へと進んでいく。吉阪は「コンクリートの人工土地」を提案した。公的な資金で人工土地を建設し、そこに自分達の手で住まいをつくる。実際に自邸では実験住居としてコンクリートの骨組みをつくり、しばらくそのまま暮らす。そして、予算に合わせて少しずつ壁をつくり、家具をつくっていった。「人工土地」は土地問題の解決であり、土地を開放したコンクリートのピロティをもつ自邸と浦邸は、まちつくりの提案である。けれど、1957年に竣工したヴィラ・クックゥは一気にコンクリートの可塑的な造形へと建築理論を飛び越えた。どこまでも。

　吉阪はコンクリートへ、特別に強い思いをもっていた。『コンクリートの家』（実業之日本社1971年）の冒頭では、〈プレリュード——私はなぜコンクリートのこだわるのだろう〉と題して、意識以前に興味を持つ姿や形を具体的に挙げている。最初に強烈な印象を与えるのが、学生時代に中国、内モンゴル自治区の蒙彊の旅で出合った小さな泥作りの家の小さなスケッチである。『普通ならみすぼらしい小舎として、見捨てられそうなこの民家は私を釘づけにするほど強い印象を残した。巧まずにして、あそこまで

でまとめられた姿をつくりたいものだという気持が生じた』のは燕がつくる巣のような形である。また、同じように中国、熱河のチベット寺院、ラマ廟について『人間の欲求と自然の風景とのとけこみ方、そこに定められた寸法にはまことに調和を感じさせるものがあった』と山に築かれた小さな住居の形の強い力に心惹かれている。

　そして、『コンクリートというような半永久的な材料で、存在の形を残し得て、終いには廃墟となって発掘されるに至った時、あの時代の人々はと感嘆されるようなものを作っておきたいと私は考える。』（近代建築1958年）と、人の生きる時間を超える物と形の力を表現したいと考えた。コンクリートという近代技術に、土に近い自然の力と人の意志と営みから生まれでる形、自然の地形と調和する形、そして、時間を越える形を建築に求めた。

設計は現場から始まる

　最初に二つの案が提示されたと、施主の近藤氏は振り返る。「紙片を自由に折りまげて考えた」実施案ともう一つはピロティ案であった。近藤氏は土地を譲り受けた地主さんの家が北側

にあるので、建物が高くなるピロティ案は選択しなかった。

東西に細長い敷地は南側に建物が建ち日照を遮られている。そこで、西側の富士山の眺めを活かし、四角にこだわらずに空間の構成を解決した書斎のある夫婦のための住居を、コンクリートの可塑性ととことん向き合って設計した。

U研究室では実施設計が一区切りして、現場が始まると「さあ、いよいよ設計が始まった」と気合が入る。図面に描かれたままつくるというより、現場で確認し発見しながら考える。手摺は長めに材料を入れて、端部をエスキスした。浦邸には現場で吉阪が描いた、チョークの線が残されている。図面で考え、模型で考え、現場で考える。それが設計だと叩き込まれた。

ヴィラ・クゥクゥでは、渡邊洋治氏が担当した初期の図面が何枚も残されているが、基本的な組み立てが決定し、基礎を打ってから、もう一度形を練り直した。大竹十一と滝澤が担当して、コンクリートの型枠の割付、開口部と木製の枠の取り合い、建具、家具の詳細を詰めていった。大竹ととことんディスカッションしたコンクリートと木のディテールを滝澤は「形の

意味／建築・部分」（1964年 彰国社）にまとめた。

屋根の曲線はなかなか決まらず、吉阪も現場に通って随分やりあった。何日もかけた。最終的には現場で線を決める。足場を組んでからも手直しを続けたという。

「近藤さんはよく辛抱強く待っていてくれた」と滝澤は振り返る。

コンクリートの開口部は内部と外部をつなぐ、意思の表現である。トップライトは空を切り取り、太陽の光を捉える。夜には星も、月明りさえ入りこむ。

そして、型枠はコンクリートの表情を決める大切な要素である。けれど、そこに感覚の違いも生まれた。『打ち放しのコンクリートの肌を見ていると、一見堅い粗い鈍重なようなその中に、実に温かいものを見出す』と、吉阪はコンクリートの粗い、土に近い感触をつくりだすことを考えた。山仲間の近藤氏は、南米の鋼のような山肌が好きだ。その上、型枠を外すとジャンカが目立つ。最終的にジャンカを、彫刻家の坂上政克氏にお願いしてレリーフに仕上げた。偶然を活かした結果として、アプローチの前面に描かれたレリーフは、建築をより立体的な大きな固まりとして印象づけることになった。現

場練りの躯体のコンクリートが硬くて、彫刻家は苦労したという。

もう一つ、室内でもコンクリートの存在感を強調しているのが、壁から片持ちで飛び出す階段段板のヴォリュームである。壁際に手摺をつけ、階段の独立性を強めている。吉阪のコンクリートへのこだわりの表現であった。「階段下の色ガラスは、一枚では色が薄く、二枚重ねてしっかりとした色が出た。コンクリート打ち放しの時は安っぽく感じたのに、壁を白の漆喰で塗ると見違えた」と、滝澤は現場での発見を語った。

ヴィラ・クゥクゥ訪問

父が早稲田山岳部の後輩という縁で私はヴィラ・クゥクゥを訪ねた。周辺は中層の建物に囲まれ、建設中に子ども達が「象さんの家」と表現したコンクリートの住居との出会いは静かだ。

そして、一歩内部に足を踏み入れると、濃密な空間に包まれる。西側にメインの開口部を設け、三方をコンクリートの壁に閉ざされたひとつの空間に、トップライトからとどく光は、筒の中で反射した間接光として柔らかくひろがる。時間と共に微かに光が動き、明るさが変化

する。コンクリートの階段。色ガラスの開口。木製の開口部も注意深く配置されている。南を閉ざしたことで、刻々ときざむ時を感じる。とても不思議な感覚として、今も身体に残されている。ヴィラ・クゥクゥの場所の記憶である。

住み始めてからつくった小さな家具にも細心の注意を払い、キッチンの排気ダクトの吸い込みが悪かったので、形を変えずに、内部に二重にダクトをつくった。屋根の防水工事でも、外壁に見切りが見えないように、注意深い配慮が見られる。木製の建具は既製品のサッシに取り替えられないので、塗装のメンテナンスをしっかりとしていると伺った。

夫人のニックネーム「COUCOU カッコウ」から近藤氏が名付けた「VILLA COUCOU」は、姿を変えず50年をゆっくりと飛び越えてここに建っている。手入れの行き届いた住居が重ねて来た希有な時間が伝わってくる。吉阪の自然観であり建築観、『人間の理性などというチッポケなものの太刀打ちできない世界。大自然の大法則の中に溶け込むような』住居の原型につながるコンクリートの小さな住居は、現代に訴えかける大きな存在である。

『住宅建築』2010年3月

303
丸山邸

豪徳寺の家

1957年・1969年
東京・世田谷 豪徳寺

「コンクリート部分に横穴住居のような原始的な生活の基盤を、木造の細長い部分は列車のように超近代を活動空間としようと考えた」（『コンクリートの家』1971年）丸山邸、1969年に木造2階部分にキッチンと居間、和室を増築した。1階は美術関係の編集者であった尚一氏の仕事場になった。
竣工当時はネギ畑の中の一軒家であったが塀をつくらない、カーテンもつけない、そしてガラスブロックの天窓のあるキッチンで夏は麦わら帽子をかぶって母は料理をしていたと回想する長男の瑞木氏は、「この家で育ち、ものをつくる心を学んだ」と語る。
[上] コンクリートの水回りと木造の増築部分
[下] 中2階エントランスへのアプローチ

道路側からエントランス正面　2020年2月撮影

火と水をあつかう部分だけ
コンクリートの家

吉阪隆正

[上] 竣工時の道路側からの外観**
[下] 現場での吉阪、「彼はどこにでも上る、これも隣りの家のか細い塀にのって、スイスで100ドルで買ったという愛用のMinoxを手に彼は不敬の笑いをうかべる」と丸山氏のメモ、職人との打ち合わせ、上棟式と吉阪の姿がアルバムに残されている**

山と美術の好きな人の家。

一人の生活から二人の生活に入るために、

生活の場をつくろうとした家。

これらは幸福な人生である。

しかし現実は、

小さな細長い敷地、田圃の近い低い所。

僅かな資金のやりくり。

それでも何か一つを、従来のままでは倦き足りないという気持から、

せめて高殿らしく、せめて最小限に不燃性をと考えたのであった。

火と水を守ってくれる洞があった。しかしそこはやっと守ってくれるだけの空間でしかなかった。でも十分に守ってくれる巌の中である。これは生活の核となる所。

その巌（実はブロックとコンクリートで作ったのであったが）の前に、僅かばかりの平坦な台がある。

これが生活の舞台である。生活の舞台では様々な演技がおこなわれることだろう。その度に舞台装置をかえられるような、そんな場所でありたい。

敷地の関係で列車のように細長いものになった。だが考えて見れば寝台車だって、食堂車だって、展望車だって、皆同じ寸法の幅の中に豊かな空間を生んでいるのだ。すまいにこれを使えないことはない。動かないというだけだ。動き出しそうな形をしているだけである。人々がこの中で動くだろう。

数字にして見ると、そんな小さなという寸法ではあるが、通りがかった学童が、デカイ家が建ったなぁともらして行った。中に入っても、少なくとも一つの方向は視線をさえぎるものが、遥かに後退しているから、広々とした感じを与えてくれる。

しかし実際には小さいから、すぐに手が届いて、便利に使える。ここに女性の細やかな配慮がなされている。

私は単に、施主の気持を翻訳しただけである。正に過飽和に達していた二人の希望の中に、私という異質物がとびこんだので、パッと結晶したのだ、その結晶は彼らに他ならない。

どうぞ更に更に立派な結晶に発展されることを望む。

『モダンリビング』1957年8月

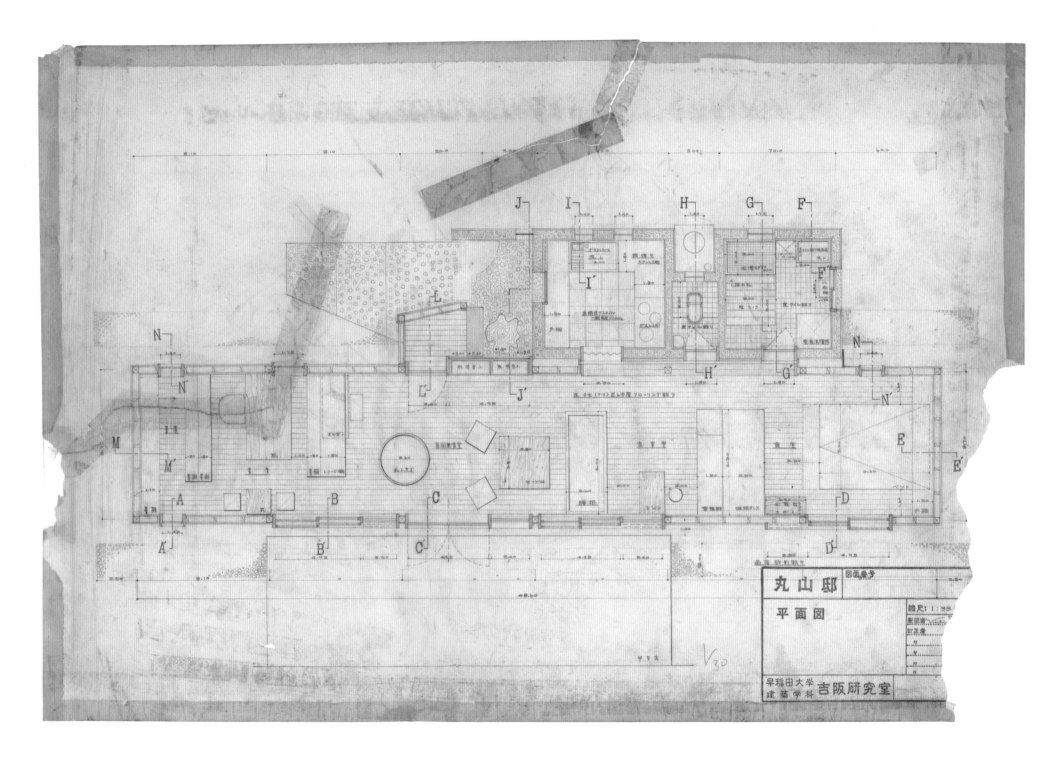

丸山邸

平面図

早稲田大学
建築学科　吉阪研究室

50

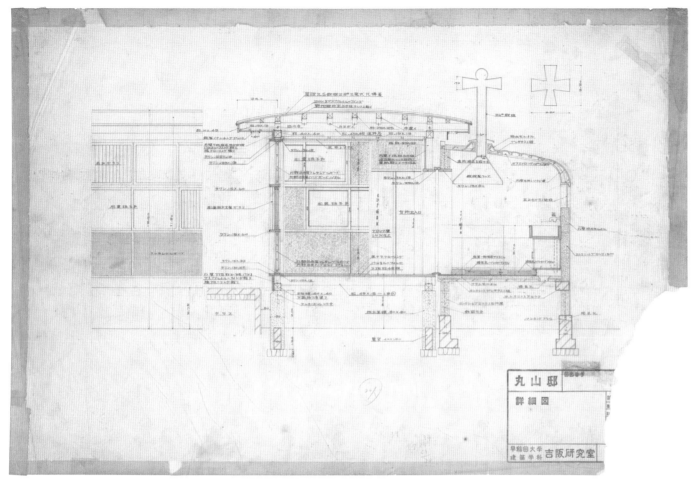

[左頁] **平面図** 1：33 ｜－｜城内哲彦｜トレーシングペーパー、鉛筆、インク｜398 × 597｜45%
[上] **詳細図** 1：33 ｜－｜城内哲彦*｜トレーシングペーパー、鉛筆、インク｜394 × 590｜31%

[左] 木造部分の居間食堂、家具の奥は
寝室**
[右上] コンクリート部分は玄関ホール、
キッチン、トイレ、浴室**
[右中] キッチンにはベネチア・ビエン
ナーレ日本館と同じ仕様のガラスブロッ
クの天窓**
[右下] 丸山尚一、シン夫妻**

51

1204・2507

ひ邸
まるひ

多摩川河岸段丘の家

1968年・1979年
東京・世田谷 成城

[左上] 光にうかびあがる階段室
の手摺
[左下] 鉄筋と集成材の手摺に張
り巡らすザイル
[右] 粗い表情の打放しコンク
リートの最上階階段室を登る樋口
裕康
[右頁] 居間ですごす、猫や梟、
鳥たちと樋口博一夫妻

［左］野川から急勾配にのぼる国分寺崖線の雑木林に建つ㋩邸
［上］西側外観、左端の階段を上ると1階のエントランス、中央階段は勝手口
［下］玄関前のアプローチ、巨大な集成材をつくって加工した手摺

無知ほど素敵なものはない──樋口裕康の実験住居

齊藤祐子

道路側外観

「ひ邸」と「巣バコ」

　ここに取り上げる二つの住居を設計したのは、吉阪隆正の設計アトリエU研究室に在籍し、その後独立して象設計集団を創設した、樋口裕康。施主は樋口の長兄と次兄である。多摩川河岸段丘の斜面に建つ二つの住居は設計のプロセス、来歴共に対照的な存在である。

　武蔵野台地から野川へ下る国分寺崖線の中腹を等高線に沿って歩いていくと、樹木が残る西斜面に鋭角に突き刺さったようなコンクリートの壁とも屋根とも床とも形容しがたい面が複雑に立ち上がっている。コンクリートのとらえどころのない力を感じさせる「ひ邸」だ。1966年に設計を始め、68年に竣工した長兄の住まいである。ここには、住むというより、棲むという文字がふさわしい住居の原型が潜んでいる。

　ひ邸は樋口と吉阪の設計パートナー大竹十一そして、建主の樋口博一氏が線一本をどう引くか、図面に克明に刻んで設計をすすめた。設計をまとめるための膨大なエスキスと模型、そして図面、和室の増築を担当した大竹が描いた詳細図が建築と同等の存在感を示しながら残されている。また、博一氏の版画や写真の数も半端ではない。

　一方、1969年に竣工して、15年足らずの時間を生きて取り壊された、木造の次兄の住まい「巣バコ」はほとんど誰の目にも触れぬまま姿を消した。設計のプロセスも樋口一人の手でさらりとまとめられたという。「巣バコ物語 - その一」と題した樋口のスケッチが残されている。

1960年代のU研究室

　吉阪隆正がル・コルビュジエのアトリエから帰国した1952年から大学の研究室

で設計を始めて10年。アトリエを大学から自邸の庭へと移す。1971年に象設計集団を創設した、富田玲子、大竹康市、樋口がU研に入ったのは1960年代の半ば。東京オリンピックの前後に、次々と若手の新メンバーが参加した。大学セミナー・ハウスの設計が始まった時期でもある。他の世界は気にならない、我が道を行くタイプのメンバーがそろっていた。

　「吉阪の建築は、いろんなことをする。このごろの建築は貧しくなって退屈だ。吉阪はいつも違う、自分勝手、自由、退屈じゃない。それが一番だ」と樋口は語る。

　50年代の戦災復興の社会的役割を果たす建築から、生きる場所を模索する建築の形へと踏み出したのが60年代だった。大学セミナー・ハウスの設計を中心に、樋口が担当したひ邸、富田の赤星邸、大竹康市が中心になった大島元町復興計画と生駒山の宇宙科学館、そして天竜川治水記念碑、野沢温泉ロッジや山小屋、箱根国際観光センターの設計競技と樋口たちは1971年に独立するまで、吉阪の新たな思想を開拓するようにパワーのある造形を引っ張っていく。

土に浮かぶ、土に埋める

　もうひとつ、この時期の興味は建築と地面との関わりの変化である。人工土地を提案して土地を開放し、地べたから離れて暮らす二つの住居を設計してから、その後の樋口が設計した建築は地面から生え、そして、地面に埋められていく。

［左］玄関ホール
［右］打放しコンクリートの
　　　オーディオルーム

巣バコスケッチ
樋口裕康

「ⓗ邸と巣バコは、空気を捕まえるようなことを考えていた。

　地面から離れたところ、空中に浮かんでいる。

　それから、地べたから生えて、柱が出てくる。

　宇宙科学館は最初、巨大なコンクリートの塊が地面から生えている形。

　箱根国際観光センターコンペでは、地中に埋める。大地に建築が沈んで、埋め込まれていく」（樋口）

　それはそのまま、象設計集団の、たちとん、KIVA、高橋建設、台湾縣史館、白州・土の家へとつながり、土から離れることはない。「計画に終わったU研の南山小学校も土の中に埋めていておもしろい」と樋口は語る。

　沖縄の今帰仁、名護では地域、暮らしを軸に、宮代の笠原小学校では学校とは何か、そして、進修館で象の原則が総合されてくる。十勝の光保育所は実験だった。複雑にしようと決めた。ワークショップでやるのはとんでもない提案だった。

実験と観察の設計手法

　1963年、樋口が大学院で最初に出会ったのが「有形学へのアプローチ」のゼミであった。吉阪が最期まで取り組む有形学の出発点である。そして、U研に入って最初に藤堂邸で大竹と仕事をした。家具や枠、幅木のスタディに延々と手を動かす。幅木を考えなさいと言われて、大竹に幅木のエスキスを何百枚も持っていくと、いきなり、「ところでここに幅木がいるのか」と言われる。幅木がいるのか、いらないのか。すべてゼロから自分で考える。言われたままのことだけを進めていると、根本をすくわれるのがU研である。

　60年代、設計の方法も大きく展開していく。ダンボールや、スタイロフォームでがんがん模型をつくるようになった。

複雑世界

「ⓗ邸は住居とはいえない、不思議な建物だ。全て実験、形の稽古だった。複雑怪奇な実験住居になった。何でも仕事を難しくしようとして、複雑にして、挑戦した。空中に飛ぶ無限にある斜線をとらえて、形にしていくのは数式を解くようなおもしろさが出てきた。直角は使わないと決めたら、すごく大変。誰にも頼まれないのに、自分で身をいじめて、模型をつくりながら、計算して、図面を描く」（樋口）

　試行錯誤は果てしなく続き、現場にたどり着く。施工の苦労などまったく考えずに、どんどん複雑にしていった。

「無知ほど素敵なものはない」と樋口。

　そして、巨大な手摺や、今までにない新型でいこうと、金物を調べてすべて考えた建具枠、窓。コンクリートの鋭角の端部に15ミリの丸面を取る。コンクリートと木の組み合わせの現寸を、現場に入ってからばんばん描いた。

　複雑世界と取り組んだⓗ邸とは対照的に、一気に形にしたのが、縦型ワンルームのローコスト住居巣バコ。ワンルームで上から光を採る、シンプルな組み立てだ。ドアは玄関とトイレ、水回りの三カ所だけ。高さ13メートルのひとつの空間の棚で暮らす。スキップして半階ずつずれてあがる床が居間や子供の場所、寝室になっている。全ての場所がつながっている。ひとつの空気を呼吸し、声もしぐさも感じながら暮らす住まいの気配である。

[左から] 木造の第二樋口邸は大竹が設計担当／1979年に増築した和室／子供室、工事が終わっても大竹は図面を描き続けた

「巣バコは悩みゼロ。一瞬にしてできた。U研にいる間にあっという間に設計した。

先の先まで見通して終着が見える、囲碁でいう一本道だった。

幅木ひとつまで、最初から見えている。エスキスは階段だけだった」（樋口）

吉阪自邸が社会への提案を全面に出した「実験住居」なら、複雑世界ひ邸は合理的な世界や思考、判断を拒絶して、複雑な要素を形にした「実験住居」である。「思考より速く手が意志をもって動いた」と吉阪は記している。建築中も40年も暮らしてきた現在も、住まいなのか、研究所なのか人の棲まない廃虚なのか理解に苦しむ建物である。国分寺崖線の急な斜面に、穴を掘り，型枠を組む建設中の現場では、それが基礎とも壁とも床とも判然としない。複雑な形は建物を建てているとは思えない、何かを創造する行為にしか見えなかったはずだ。どこが部屋になるのか、内部か外部かも判断できないコンクリートの塊が構築されていった。

完成した住まいには、物と家族と、一緒に暮らす犬や猫、鶏、傷ついた小鳥や梟、大地と樹木、光と影が溢れる。生き物の棲処と呼べる場所は、周囲の住宅とは明らかに異なる磁場を発散している。同時に、無機質なコンクリートでありながら、生命の息吹と体温の温もりを持っている。

自然の中で生きる住まいは、快適さ、エネルギー効率、閉鎖したセキュリティーを価値として展開する商品としての住まいへのアンチテーゼである。都市の住まいが切り捨ててきた、生きるために不要と思われているものを大切にかたくなに手放さず、生き物として五感を育み、地勢と向き合って、当たり前の顔をして暮らし続けている。そこには住まいへの明確な意志が働いているはずである。ひ邸は吉阪自邸につながる数少ない実験住居である。

「今はバラックみたいに、現場で何かできないか考えている」と樋口は語る。

がんじがらめに法律に縛られ、現場で考え現場でつくる、本来の営みとして住まいをつくることが困難であると痛切に感じる現在。自分の体を動かしてつくるバラックこそ、実験と観察の複雑世界を実現し、生きる場所をつくる唯一の手掛かりであると。

ひ邸、その後

もうひとつの物語は、建主である長兄の博一氏とU研究室の大竹十一の仕事である。ひ邸の玄関と居間の建具を大竹に頼んだのは、博一氏の希望だった。「兄貴と大竹さんは似たとこがあって、細かいとこをいつまでも話してた。大竹さんの図面が大好きだったから、とことん図面を描いてもらおうと、二つの枠と建具を頼んだ。」（樋口）

大竹はその後、西側に両親のための「第二樋口邸」の設計をし、1980年には「ひ邸」の子供部屋と和室の増築をしている。樋口は「和室はバラックみたいな増築を考えていて、今もその方が楽しかったと思うけど、兄貴と大竹さんで、木の材料とディテールにこだわった仕事になった」と振り返る。

大竹にとって、図面は独立した表現の世界である。設計をして図面を描く。現場が進んで、ものができてしまっても図面を描き続け、線と文字の世界が完成するまで描き続ける。それを望み、理解しとことん付き合ったのが建主、博一氏である。

『住宅建築』2011年4月

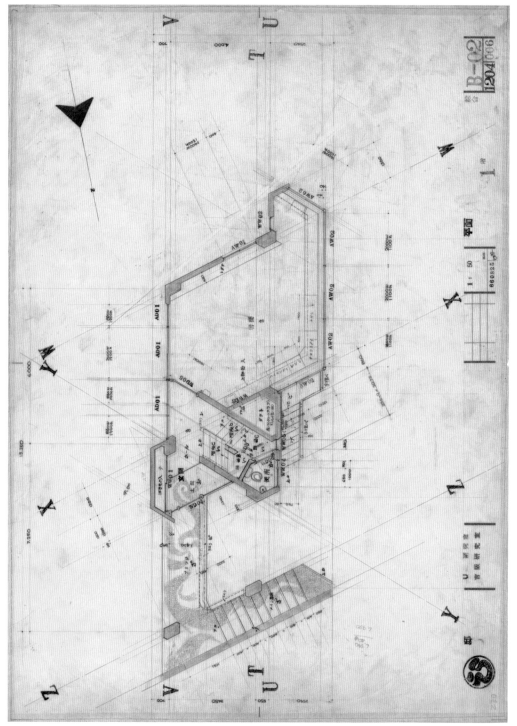

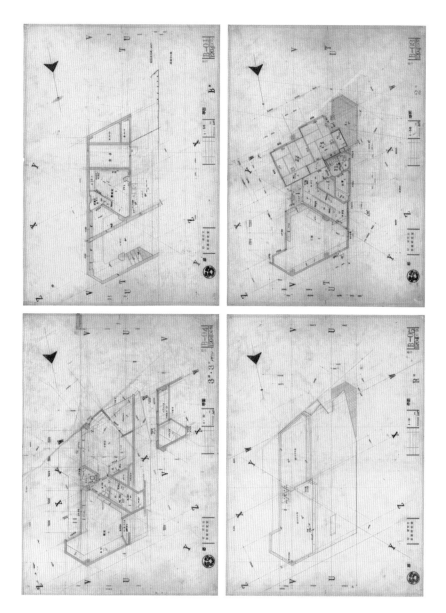

[左] **1 階平面図** 1：50 ｜ 1966 年 8 月 25 日 ｜ 樋口裕康 ｜ トレーシングペーパー、鉛筆、インク ｜ 556 × 405 ｜ 34%

[上左から] **地下 1 階／2 階／3 階／R 階平面図** 1：50 ｜ 1966 年 9 月 20 日 ｜ 樋口裕康 ｜ トレーシングペーパー、鉛筆、インク ｜ 557 × 406 ｜ 13%

[右頁] **断面図** 1：50 ｜ 1966 年 9 月 20 日 ｜ 樋口裕康 ｜ トレーシングペーパー、鉛筆、インク ｜ 557 × 406 ｜ 47%

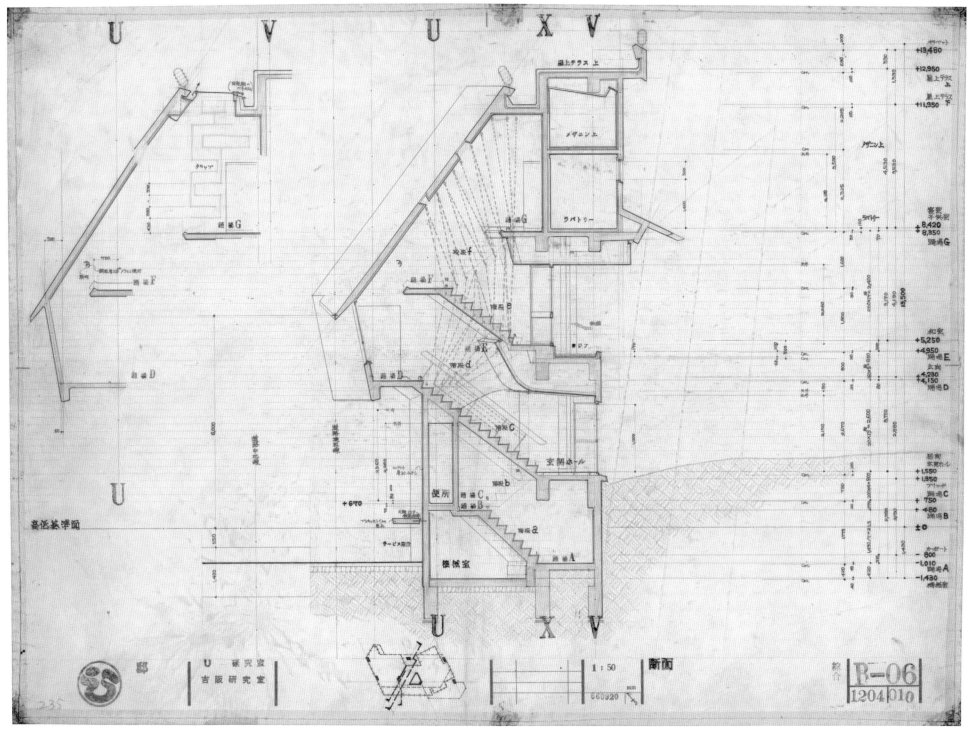

59

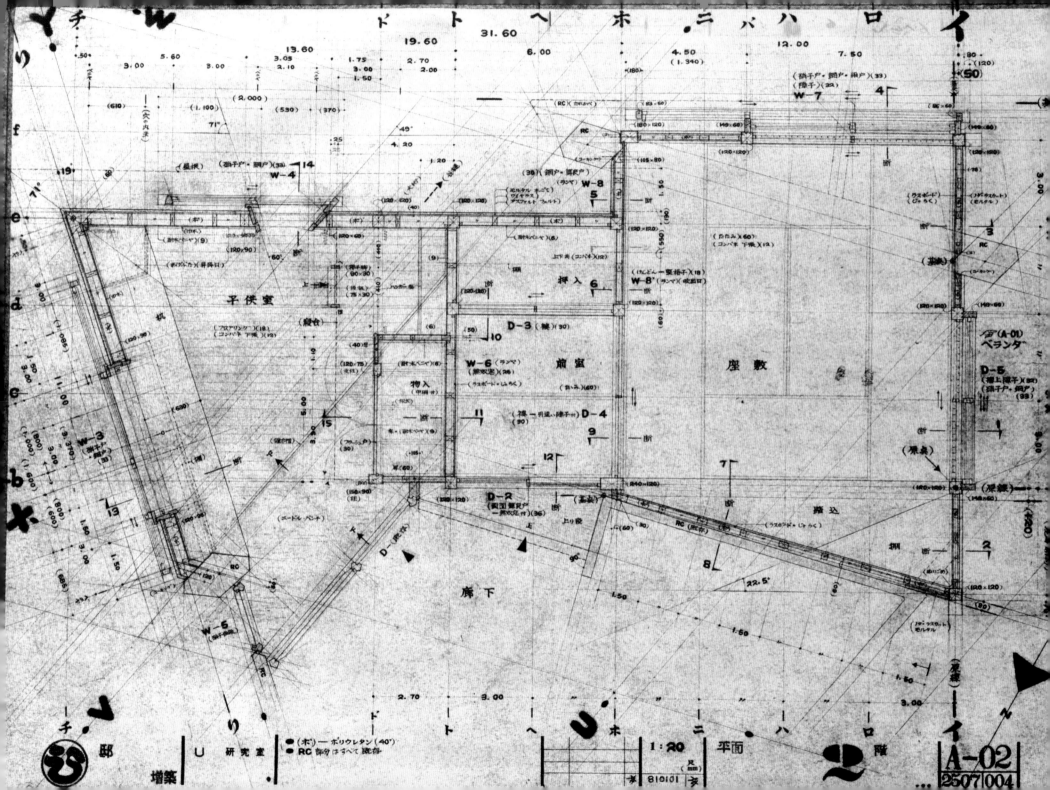

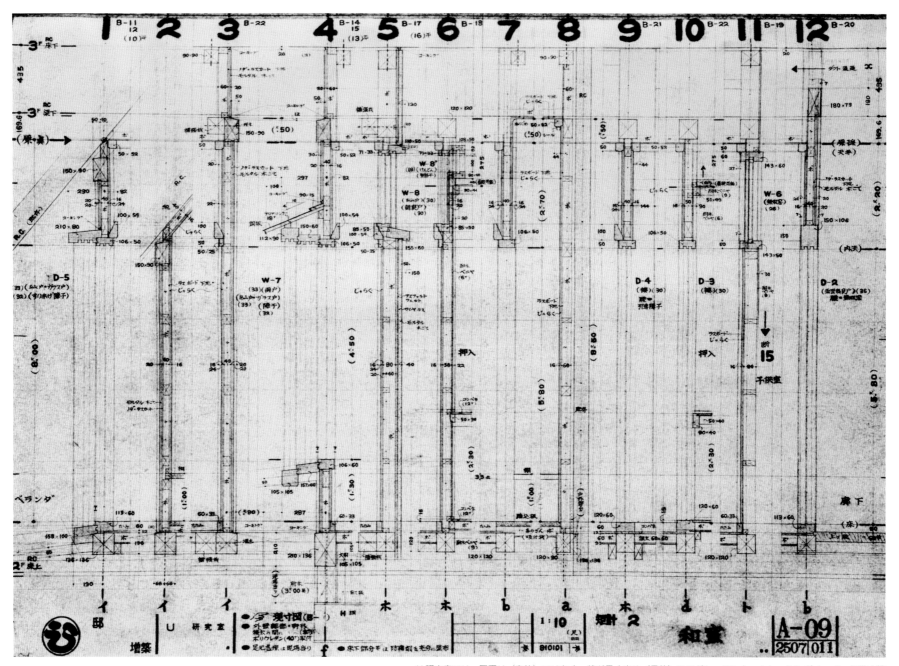

[左頁] **増築 2階平面図**
1:20 | 1981年1月1日 | 大竹十一 | トレーシング
ペーパー、鉛筆、インク | 424 × 595 | 50%

U研究室では、図面は〈青焼〉ではなく、線が黒く出る〈黒焼〉にこだわっていた。トレーシングペーパーに描く線
は、黒焼の図面に線、補助線、指で擦った鉛筆の粉や細かな点、すべての手触りを図面に表現して、しっかりと映し出
されるまで何度も焼き直した。Ⓤ邸の図面では、空中の斜めの線を平面でも立体でも、捕まえようとたくさんの補助線
が交差している。

[上] **和室 矩計図** 1:10 | 1981年1月1日 | 大竹十一 | トレーシングペーパー、鉛筆、インク | 424 × 592 | 40%

多摩川河岸段丘の家

ⓗ邸建主・樋口博一

インタビュアー：齊藤祐子（atelier SITE）
　　　　　　　　羽渕雅己（かめ設計）
2009 年 12 月 22 日 樋口邸にて収録

［左から］玄関に掛けられたスケッチにはⓗ邸の〈住人〉が勢揃いして、「元気でいってらっしゃい」画・樋口博一／コンクリート型枠工事の現場**

田んぼの畔も建築だ。
畔は道だよ。
道も建築だ。

地勢を読む

樋口博一（以下、博一）：この家には昭和 43 年の 3 月頃から住みだしましたから、ちょうと 41 年経ちました。41 年間テーブルの位置も変わらないですね。吉阪先生がこの家は全部バランスが悪いな。置いてあるものが全部個性を持っていて、自己主張をしていると。大きな冷蔵庫があって、洗濯機も大きなものが置いてあって、欅のテーブルがある。バランスが悪いんだけれど、全部が逆に自然にあるように思えるから、不思議なところがあるなと、先生は穏やかに話されていました。近くに来ると、よく寄ってくださったんです。

成城にやって来たのが昭和 36 年かな。約 50 年近くなります。その頃は世田谷区という意識はあまりないので、東京の下町に行くのに、東京に行って来るというくらい田舎でした。最初の家を売ることになって土地を探しました。ここは崖を崩した赤土になっていて、向かいは雑木林でした。

僕は、多摩川の段丘だから、地面を壊すのは止めましょうと言ったら、先生はそれが一番の大原則だと。やっと入手した変な地面です。そこへ建てたからこんな形なんですよね。後で先生がおっしゃったのは、地形に沿ってさんざんいじったから、外の感じは少しアンバランスでおかしいけれど、中に入ると落ち着きますねと。つくったのではなくて、出来てきたんでしょうね。

齊藤：むしろ、上の方で平らな普通の敷地よりも、ここの方が吉阪先生は一生懸命考えそうですね。

博一：斜めで、形がめちゃくちゃだと。それが単なる斜めではなくて、ずっと続いている。国分寺崖線では縄文の遺跡が出てきます。先生は初めにここを見た時に、多摩川がつくったこういう斜面には歴史がある。大昔に必ず人が住んでいたところだといいました。あれだけ世界を歩かれていて、そういうことをパッと見て言われる方は少なかった。その頃は開発が主流ですから、なんでも潰してしまえと。区画整理して、とんどん住宅を増やせという時代でした。見どころが全然違っていましたね。

齊藤：お向かいの樋口別邸は、次の住み手の方がそのまま住まわれているんですね。

博一：気に入ってくれてそのままです。別邸の方は大竹十一さんの設計です。絵でいうとスケッチ風ですね。熟練から出てきたような感じですね。あの裏も雑木林でしたから、今も玄関から向こうの雑木林が見えます。

齊藤：窓辺から鳥が入ってきてキッチンで水浴びをするという話を伺いました。

博一：山の鳥では、アカハヤやシロハヤやマツノミやヤドリギ、ルリビタキなども裏に来ています。ここは野川から崖線にかけて鳥の種類が年間 103 種類くらい見られます。神宮外苑が 57 ～ 58 種類ですから、いかに野鳥が多いかが分かります。野鳥が多いということは植生が豊かだということです。

齊藤：1965 年に建てた大学セミナー・ハウスも最初の地形をそのまま残しています。40 年経って宿泊ユニットハウスが壊されました。普通は建物がなくなると土地は広くなります。けれど、セミナーの場合はユニットハウスの間に網の目のように道がめぐらされていたので、敷地全部をいろんなルートで歩けたんですね。それが壊されて道も一緒に無くなってしまって、土地が 3 分の 1 くらいになったように感じます。ここ 3 年くらい学生が集まってワークショップで、もう一度道をつくっています。そこで感じたのは、現代は頭で考えただけの図面で物ができていきます。けれど、山を歩く人たちは地形を読みながら歩きやすい道を探し、それを地図や図面に落としています。

博一：全身で歩きますから、違いますよね。

齊藤：セミナーを担当していた松崎義徳さんはユニットの道をつくる時に実際に歩いてつくっていました。

大江健三郎とひ邸

齊藤：大江健三郎さんの『洪水はわが魂に及び』のお話はうかがっていました。ⓗ邸の現場に通って書かれているんですね。

博一：この家を建てている時に、私は 1 週間に一度現場を見に来ました。大江さんは毎日の日課のように、光ちゃんと手を繋いで連れて来ていました。大江さんはとにかく厚い手帳を持っていて、メモをしているんですね。地面を掘り出して建ち上がるまで、2 年以上です。

羽渕：この本が出たのが、73 年です。5、6 年経って本ができたんですね。

博一：実際に本を読んでいないので、わからないけれど、住人が地下に地面の出る所をつくって、そこに足の裏をつけるということが書いてあるそうですが、実はここをつくっている時に、地下に土を踏むところをつくりましょうかと吉阪先生が言いました。私も裸足で踏む土が欲しいので、土間みたいなものが地下にあったらいいなと話にでていました。関東ローム層の地下にはいろいろな層があります。5 万年以上多摩川がかけてつくった崖です。そんな設計者と建主の意向を洞察したんですね。恐ろしいなと思いました。地下水が湧き出してきたので、実際には穴はつくりませんでした。

手と足の感覚

博一：象もそうだけれど、U 研では、足の感覚を非常に重要視していますね。素足の感覚ですよ。吉阪先生もそうだと思いますが、山歩きも山登りも、足の裏と手の感覚が非常に大事です。岩や突起を撫でて触って、そこが本当に大

丈夫かどうか、命にかかわることです。

　一番初めに弟から吉阪先生の話を聞いたのは、田んぼの畦の話でした。吉阪先生は田んぼの畦も建築だと言うんだよと。それが吉阪先生を非常に印象付けましたね。田んぼの畦は建築とは言わないだろう、あれは道だと私が言うと、道だって建築だよと言う。講義でこういうことを言われているのはすごいなと思いましたね。そういうものを建築だということは新鮮な驚きでした。畦が建築だと言われて、私なりの建物のイメージができました。

　山や野原を歩かれるといいですよ。木のあるところを。木が騒ぐといいますけれど、風のある日に歩いて、耳栓をするんですよ。そうすると木の音が全然聞こえなくなりますが、動きは分かりますね。

　山に行きますと、秋口くらいまではシート1枚あればハイマツの中に寝られるんですよ。途中に草が生えているちょっとした平らな茅戸という所があります。茅戸はもともと茅が生えていた草むらという意味です。少し分け入ってそこに重いザックを下ろして休みますと、そこがもう家です。日が暮れたらそこに寝ればいい。

　私などの住まい方は茅戸と一緒で、自分で作ったという感じは全然ないですね。これだけの崖線があって、その中に作ってもらった。茅戸ではないけれど、そういう中に住まわせてもらったという、そんな印象が強いですね。その中になんの不自然も感じない。そういう出会う力、手触りを大切にするということを吉阪先生がお書きになっていますよね。

齊藤：先生は山に登ることで良心を振り返ることができると言っていました。今の社会的な狭い価値観に縛られていることから解放されて、本当に大切なことは何かと原点に立ち戻ることができるから山に登る。U研は山繋がりがとにかく濃いです。建築よりも山が好き、みたいな人が集まっています。

博一：その辺も一つU研の流れですね。

大竹十一の図面と設計手法

齊藤：大竹さんは、全然違いましたけれど。
博一：大竹さんはすごい人で、座っていて山登りができるんです。
齊藤：私がU研に入った時は、この家の和室の増築計画をしていた時期でした。U研に博一さんが打ち合わせにいらして、大竹さんが準備をした1／20の図面を1枚ずつ、これはこういう考えだけれど、ここが上手くいかないんですと説明をし終わったら、全部が駄目の証明だった。その説明を聞いて、分かりましたと博一さんは納得して帰られた。驚きました。
博一：大竹さんの図面は、軸にして表装してもいいようなものです。1枚の絵ですね。大竹さんの内的な力からきていることです。1枚の図面を描く前にいろんな形を描いているはずですね。20枚かもしれないし、200枚かもしれないし、もっとかもしれない。そういうものを私に見せてくださる。それはつくるよりも面白い。形ができる前の図面の段階だと空想ができる。
齊藤：大竹さんの仕事では、図面が完成する前にほとんど建物ができてしまいます。そして、工事が終わっても図面を描き続けているんです。
羽淵：象で樋口さんから聞いたんですが、実施設計が全部終わった時に大竹さんに見せると、これで自信があるのかと言われ、おどおどしていると、松崎さんが紫色のマジックで図面にザザッと描き込む。それがこの家の原形だと。1回できたものを、やり直したんですか。
博一：そういうことは何度か繰り返しています。それが単なる細部のことではなくて、根本から。全部駄目。これで建つのかと。形になるのかと。
羽淵：ずっと打ち合わせをしてきて、もう直ぐ建つなと思ったら、また振り出しにもどるんですか。

博一：そうです。
羽淵：全部お任せだったんですか。
博一：私はまず階高、天井の高さが欲しいと、3m以上で、できれば4mくらい欲しい。そして、山と同じで、部屋があって全部が下から見通せるように。そういう観念的な希望は言いましたが、基本的には任せました。
羽淵：そうすると、出てきた案はまあいいけれども、研究室の中で駄目だということになって、やり直したということですか。
齊藤：U研では施主との打合せより内部での打ち合わせがすごく大変でした。
博一：夜フラリと行って、いろんな話の中で、皆さんの話や手の動かし方を見ているうちに、自分なりの雰囲気やイメージを作っていくということはあります。私は弟が世話になっていた関係もあったし、百人町のU研は好きでした。U研に行くと、いろんな侍がいるんですよ。そういうのが楽しかったですね。
齊藤：そうじゃないと大竹さんとは絶対に付き合えないですよね。
博一：大竹さんは最後までいかに見通すか、一つの筋立てを絶えず積み重ねた人ですよね。吉阪先生が非常に多角的に、ただ眼だけではなくて体全体で見たことを、大竹さんは全然見ないでそれを読む方ですからね。非常に面白い組合せですよね。
齊藤：吉阪先生が亡くなった時に、会葬のお礼状を出すことになりました。大竹さんが筆で書いてそれを印刷するのですが、何百枚印刷するなら、何百枚書いてその中の1枚を選ばなければ、10枚書いた中の1枚を印刷して配ったら失礼だと言って書き続ける。時間が経つと時候の挨拶が変わってしまうんです。3月が4月になり。最終的に1枚を選んで印刷しましたが、配らなかった書が段ボール箱に何箱もありました。直筆をもらったら嬉しいんじゃないかと言いましたが、でもそれは大竹さんにとって

は全て没なんです。
　日仏会館は築35年で1995年に取り壊されました。大竹さんは自分が生きているうちに自分が作ったものが取り壊されるということは全く考えていなかったと言っていました。建築はつくった人間よりも長く生きるんだと。私たちがこれで本当にいいのかと言われるときには、一度できたら何百年のものなのに本当にこれでいいのかということです。それを考えたら、この一日、一ヶ月は問題じゃないと。
博一：そうですね。だから消していくんですね。永久に駄目をつめていく。大変なことですよ。
齊藤：現場に呼ばれていて、どうしても明日までに図面が欲しいといわれても、形を決める理由になりません。明日までに持って行かなければいけないから、これでいいというのは駄目なんです。
羽淵：大変だ。工務店も建主も。博一さんの話を聞くと、建主さんにドラマがありますね。
齊藤：簡単に建てるよりは、建てることも楽しむし、家を建ててその後の生活も楽しむ。その中で建築家の役割の一つは、限られた時間でどれだけ深く広く読み込めるかだと思うんです。そういう努力をするか、しないか。
博一：昔と比べると今は細かい大事な文化というかちょっとした暮らしみたいなものをどんどん潰していく時代ですからね。そういうのを残していく使命というか、建築家は非常に大きな役割がありますよね。それは吉阪先生が再三言われていたことではないですか。人間社会はこうあるべきだということではなく、変わり方に多様性を持たせなければいけないよということをいろいろやられていましたよね。もっと楽しいものですというものをつくる必要があります。その意味で建築家の役割は大きいですよね。
『住宅建築』2011年4月

2005

三澤邸

葉山の家

1974 年
神奈川・三浦 葉山

住宅地の奥に位置する敷地は、緑の谷と深い緑に囲まれる。メインアプローチから 2 階テラスへ、その周りに分棟配置の左手前に居間、奥は書斎、右は食堂とキッチンの住居棟、曲面壁は谷に向かって伸び上がり、3 階の寝室の窓は緑と空へとひらかれる
1995 年 5 月 撮影

［左頁］谷と山並みを望むように、2 階のテラスを囲んで建つ分棟型住居
［左］住居棟へ円筒の書斎に沿って階段を上ると人工土地のテラス

［左］円筒の書斎への出入りは、テラスからの梯子、天井は断熱材打ち込み仕上げ
［上］2階居間に連続してつながる人工土地のテラスへ
［右頁］住居棟3階から見下ろすテラス、周りには居間、食堂、書斎、屋外のテラスが居間になり住まいの中心になる

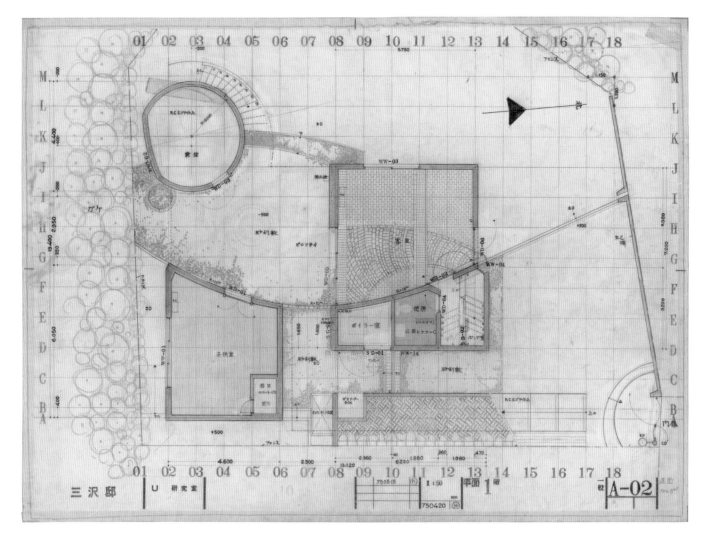

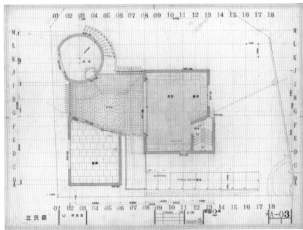

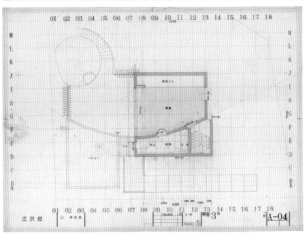

［左］**1階平面図** 1:50 ｜ 1975 年 4 月 20 日 ｜
横林康平 ｜ トレーシングペーパー、鉛筆、色鉛
筆、インク ｜ 402 × 551 ｜ 33%
1 階はグランドフロアー、人工土地のテラスの
下、現在はギャラリースペースになっている
［右上］**2階平面図** 1:50 ｜ 1975 年 4 月 21 日 ｜
横林康平 ｜ トレーシングペーパー、鉛筆、色鉛
筆、インク ｜ 401 × 551 ｜ 15%
［右下］**3階平面図** 1:50 ｜ 1975 年 4 月 21 日 ｜
横林康平 ｜ トレーシングペーパー、鉛筆、色鉛
筆、インク ｜ 399 × 550 ｜ 15%
生活の中心は 2 階のテラス、周りには食堂、居
間、書斎、食堂の上に寝室
［右頁］**断面図** 1:50 ｜ 1975 年 4 月 21 日 ｜ 横林
康平 ｜ トレーシングペーパー、鉛筆、色鉛筆、イ
ンク ｜ 402 × 551 ｜ 54%

海からの帰りに偶然出会ったこの場所の購入を、三澤至、満
智子夫妻はその場で決断し、フランス文学者の満智子さんの
父、大村雄治氏とのつながりから吉阪に設計を依頼した。深
い緑の自然との境界に位置するこの敷地を、吉阪はとても気
に入った。
設計が始まり、工事の資金ができたら少しずつ建てていく、
吉阪自邸の建設方式。施工は直営で監督は U 研究室、設計メ
ンバーも泊まり込んで職人と建設する分棟型住居。コンク
リートの躯体を打って、少しずつ仕上げていく。工事半ばの

現場で家族は生活を始め、一緒にレンガを貼り 10 年近く工
事は続いた。
住居部分は谷に向かって曲面の壁が伸び上がる、3 階に寝室、
2 階の食堂は人工土地のテラスに続く。テラスを囲む円筒の
書斎と独立した居間。居間はアトリエになり 1 階のピロティ
は建具で仕切り、現在はギャラリースペースにしている。
「長いこと住宅をつくるということは、自分らの身体の延長
と同じように、住む人がつくるのがならわしであった」（『コ
ンクリートの家』1971 年）と吉阪、住まいの原型である。

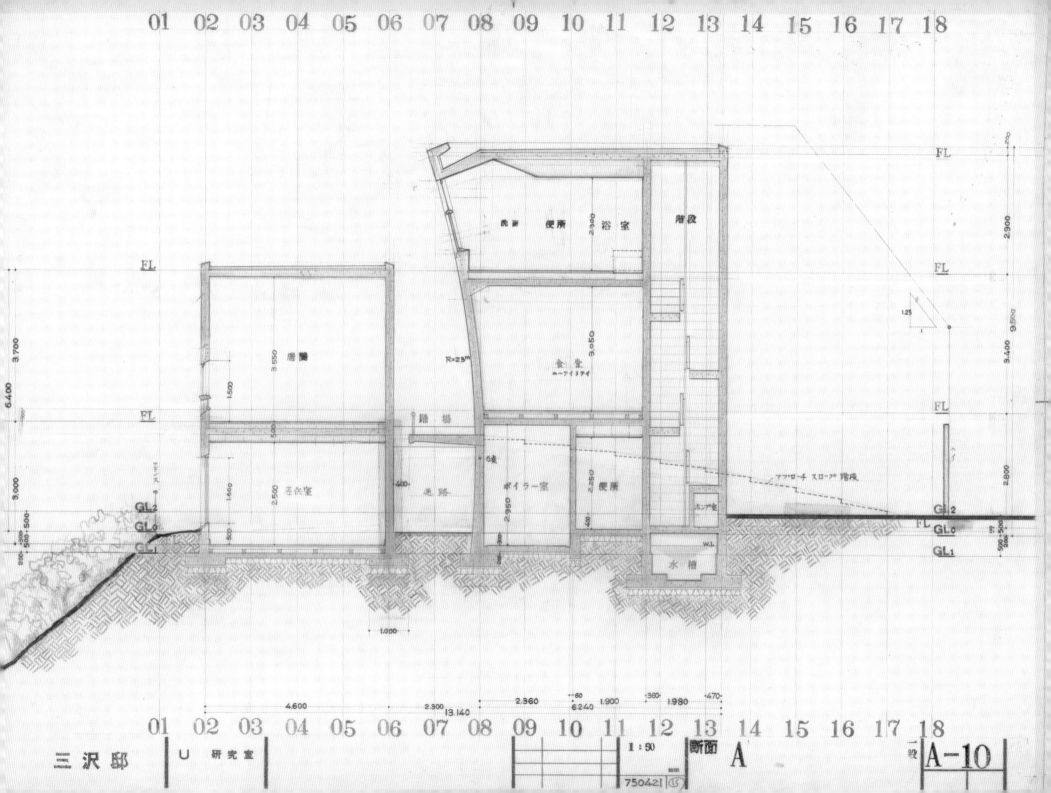

私たちと住宅設計

吉阪隆正

3階寝室から谷を越えて森を望む、深い緑と空だけがひろがる

　住宅の設計、特に住み手の決まっている住宅の場合は、実話小説を組み上げるのに似ている。ということは、単に事実の羅列では小説にならないように、使い買手を処理しただけでは住宅にならない。時代背景の中に位置づけるように、気候や風景の中に収めるのだ。だがそれだけでもまだ不完全だ。一方に予算や材料、施工などとの制約があり、他方には世界観や人生哲学の崇高さが求められ、住み手の生活と関心や執着を充たさなければならない。

　これらの多様な、時に矛盾する条件を一つに纏めるために、私たちはどうも日本の四季を経験しながら、注文主とのやりとりを絵や模型にしながら対話することになる場合が多い。そうした時にはかなり満足して頂ける。一つ一つの謎ときをして行くようなもので、住み手と私たちとで一つの作品に仕上げていくのだからだ。その一歩一歩を辿れば別に奇抜なことを求めているのではない。しかし一年かけて進むうちには経過を知らない人にとって異質に写る姿となることもある。だが初めからそれを狙うわけではない。詩を求めただけだ。

　賃貸、分譲、建売りの住宅の設計では態度は違う。住み手は定まっていないからだ。だが多くの場合数があり、それは町づくりとつながる。そこには別の条件が問題なのだ。生活学の問題だ。

『現代の住宅』1980年

吉阪隆正＋U研究室 年譜

☆ 著作・出版　◉ 住居，造形関連　● 主な作品，出来事

住宅リストには，吉阪自邸の変遷として，吉阪邸建賞，墓碑，U研究室アトリエを含む。設計を始めた年に経歴書に記載した番号，吉阪自邸は後述工年

西暦	作品番号・住宅・所在・構造規模・延床面積	年譜
1917		2月13日 吉阪，東京市小石川区石川に生まれる
1921		スイス、ローザンヌへ、その後ジュネーブへ
1923		スイスより帰国，新宿区百人町に住む
1929		再び家族と共にジュネーブへ
1931		ジュネーブ・アンテルナシオナル大学
1933		約半年間、エヴィアンパリの教会に単身寄宿。帰国
1934		ジュネーブより帰国した家族と、百人町に住む、山岳部入部
1935		早稲田高等学院大学
1938		早稲田大学建築学科入学
1939		今和次郎先生の指導により、農村および漁民家の調査／木村幸一郎先生に同行し、北千島学術調査隊参加
1941		北支満蒙調査隊参加／早稲田大学建築学科卒業 ☆卒業論文「北支窯洞に於ける住家地の地理学的考察」・土の住居に出合う
1942		応召
1945		甲野富久子と結婚、朝鮮光州で終戦、帰国
1946		早稲田大学専門部工科講師「百人町」でバラック生活を始める・バラック生活
1947		早稲田大学専門部工科助教授
1949		早稲田大学第二理工学部助教授 ☆「住居学概論」（日本女子大学通信教育出版部）
1950	ph3 今村邸 / 東京・麻布 / ー / ー	フランス政府給費留学生として渡仏、ル・コルビュジエのアトリエに勤める ☆「住居学汎論」（相模書房）
1951		マルセイユ・ユニテの現場監理。第8回CIAM会議（イギリス）出席
1952		マルセイユ・ユニテ落成を機にアテネ経由で帰国・自邸の計画を始める
1953	ph2 及川邸 / 東京・練馬 / 木造平屋 / 108.0m²	☆「モデュロールI」ル・コルビュジエ著／吉阪隆正訳（建築学大系39） 彰国社 ◉「環境と造形」（河川書房）・自邸の設計を始める
1954	004 甲野邸 / 東京・成城 / 木造1部RC造2階 / ー	☆「住居論」都市論」建築学大系」彰国社 ◉「ル・コルビュジエ」建築学大系」彰国社 ●ブラジル・サンパウロ ビエンナーレ・サンパウロ建築設計競技1等 安達英三朗山小屋十件・国会図書館計画・台湾・東海大学計画国際設計競技1等
1955	101 吉阪邸 / 東京・新宿 百人町 / RC造3階 / 72.0m² 103 浦邸 / 東京・西宮 / RC造3階 / 143.2m²	☆「ル・コルビュジエ」第2回設計競技1等 ◉ブラジル・サンパウロビエンナーレ日本館
1956	202 吉崎邸 / 東京・杉並 / 木造2階 / 112.9m² 203 十河邸 / 東京・国分寺 / RC造2階 / 64.139m² 204 ヴィラ・クゥクゥ / 東京・代々木 / RC造2階 / 67.0m²	イタリア・ヴェネチアにて設計監理 ◉ヴェネチア・ビエンナーレ日本館
1957	301 増田邸 / 東京・田園調布 / 木造平屋 / 45.4m² 303-1 増田邸 / 東京・田園調布 / 木造1部CB造平屋 / 55.6m² 310 荒井邸 / 東京・改装 / ー	早大プリマヴェラ遠征隊赤道横断 ／ヴェネチア・ビエンナーレ日本館、文部大臣芸術選奨受賞
1958		
1959	509 吉阪家の墓 / 東京・多磨墓地 / RC造 / ー	ブラジル政府招聘講師として国際都市計画シンポジウム出席 ／呉羽中学校 ●南山小学校計画
1960	601 三井邸 計画 / 東京 / RC造3階 / 194.73m²	早稲田大学理工学部教授 ◉「鉄筋コンクリート造設計」相模書房 ●江津市庁舎・週沢ヒュッテ計画 日仏会館 ●国立国際会議場計画設計競技・東海大学計画国際設計競技
1961		早大アラスカ・マッキンレー隊隊員 ◉「不建統一作」／大家一令和次郎先生・土稲記念文集」相模書房 ●ベルギー領コンゴ・レオポルドビル文化センター国際設計競技
1962		国立ワシントン大学招聘教授、週沢ロッジ 招聘講師 ◉「アテネ・フランシ 呉羽小学校 ●チェニス市都市計画国際設計競技
1963	908 石川邸 / 東京 / 木造平屋 / 50.01m² 911 竹田邸 / 神奈川・茅ヶ崎 / 木造2階 / 66.0m² 912 赤星邸 / 神奈川・鵠沼 / RC造2階 / 99.0m²	☆「建築」1964年3月号 ☆「住居学概論」日本女子大学通信教育出版部 ●第8回UIA大会（パリ）出席 ●週沢ヒュッテ計画・呉羽中学校4
1964	1002 藤堂邸計画 / 三重・名張 / RC造一部木造3階 / 299.5m² 1010 吉阪邸書斎 / 東京・新宿 百人町 / RC造リフォーム平屋 / 49.5m²	住宅地計画会議（スウェーデン・オーレボロ）・大島元町大火、復興計画案 ●明暗会館
1965		☆「住居学」相模書房 ◉「今生の影響で以降アトリエ ハウス2 調整、図書館
1966	1204-1 樋口邸 / 東京・成城 / RC造4階 / 232.11m²	第7回UIA大会ハバナ出席 ◉ニューギニア ／黒沢池ヒュッテ 大島国際観光センター計画設計競技・黒部平駅 ●学会作品賞受賞
1967	1302 清水邸 計画 / 東京・田園調布 / RC造3階 / 148.5m² 1204-2 樋口邸別荘 / 東京・成城 / 木造RC造2階 / 75.70m²	☆「大学セミナー・ハウス1」本館、宿泊ユニット、中央セミナー室・ル・コルビュジエ追悼 ／現代住宅・人間と住居・有斐閣「建築」1971年1月号有鋼材 論 日本女子大学通信教育出版部 ●大島、庁舎、図書館、野増出張所、特別教室等・国立国際会議場計画設計競技 教師館
1968		☆「住居デザイン論」有斐閣 生駒山宇宙科学館 ●生駒山宇宙科学館、大セミナー室、長期研修館、アテネ・フランシII共
1969	1504 大野邸 / 東京・青山 / RC造3階 / 137.11m² 303-2 丸山邸増改築 / 東京・豪徳寺 / 木造2階 / 138.5m²	大学院設計会議 改称◉「住居学概論」第1.5中学校、タワジタ棟要 商工観光会館 ●ビヒュッテ・山岳アルコ会ヒュッテ、選本館
1970		21世紀日本列島案 ◉「二十一世紀の日本」審査委員会審査委員・内閣審議会 図書研究室、サロン棟
1971	1705 伊沢邸 改装 / 東京 / 木造2階 / 77.91m² 1711 磯崎邸 計画 / 栃木・西那須野 / RC造一部木造2階 / 86.2m²	☆「コンクリートの家」実業之日本社 ◉現代住宅・人間と住居・有斐閣「建築」1971年1月号有鋼材・箱根国際観光センター計画設計競技・黒部平駅 ●大観峰駅・山田牧場ヒュッテ
1972	1804 大津邸 / 千葉 / 木造2階 / 102.12m² 1805 小林邸 / 長野 / 木造2階一部RC造 / 230.8m² 1807 飯塚邸 / 新潟 / 鉄骨造平屋 /	☆「住居学概論」日本女子大学通信教育出版部 鹿島出版会 ☆「訳」ミシェル・ラゴン著 ☆「訳」紀伊國屋書店 ☆「アニマルから人間へ」（二十一世紀の日本）・どこから二十一世紀の日本へ ◉第10回都市計画国際会議（オーストリア・バーゼン）・源沢山荘・紀伊國屋書店・UL教室・学生会館・大観峰の家
1973	1901 雨山邸 / 長野・安曇村 / RC造一部木造3階 / 100.0m² 1903 U研究室アトリエ改築 / 東京・新宿 百人町 / 鉄筋造平屋 /	☆「講堂」源沢温泉ハウス ◉「住居学概論」「住まいの原型」共 鹿島出版会 ☆「私、海が好きじゃない」アフタヌ出版会 大学院セミナー・ハウス 大学院設計セミナー館、商工館 ●地下講堂、UHF実験設備十五回シリーズ担当
1974	2005 三沢邸 / 神奈川・葉山 / RC造3階 /	早大六二十一世紀の本列島セミナー・ハウス7 ◉アテネ・フランス5・野外ロ本の動セミナー・ハウス7 交友荘・日本生活学会会長 ●第六二十一世紀の会主催の船とセミナー・ハウス7（香港訪問）・日中建築技術交流会会長
1975	2106 坂上邸 / 神奈川・鎌倉 / 木造2階 /	描き集めたスケッチそや地図などによる展「バハラ」ヒュッテ・日本生活学会会長 ◉「都市住宅」1975年8月号鹿島出版会（世界の美術13）世界文化社 ●日中建築技術交流会・（訳）ル・コルビュジエ著（訳）鹿島出版会「世」開催
1976	2201 懐風邸増築 / 栃木・塩原 / 鉄骨造2階 / 108.0m² 2202 堀川邸 / 東京・吉祥寺 / 木造2階 / 158.4m²	☆「ル・コルビュジエ全作品6,5,4,3,2」（訳）A.D.A. 中国訪問 ◉日本建築学会会長 ●日中文化交流協会訪中団団長・日中建築技術交流会
1977		☆「住居学概論」日本女子大学通信教育出版会 鹿島出版会 ☆「ル・コルビュジエ全作品8,1」（訳）A.D.A.・君は21世紀に何をしているのか・新建築社 ●栃木県立自然博物館設計競技・目時農村公園
1978		☆ポストンMIT客員教授・バーバード大学客員在・中国訪問◉ル・コルビュジエ全作品7（訳）A.D.A.・高屋敷農村公園
1979	2502 芦川邸 / 東京・千子 / RC造2階地下1階 / 84.05m² 2505 赤岡邸 / 田園調布・東京・田園調布 / RC造 2506 三浦・名張・RC造2階 / 173.4m² 2507 三階 108.3m²	☆日中建築技術交流会会長・訪中国訪問団長 ◉有吉村（テレビ大学講師テキスト）旺文社 ●有吉村（テレビ大学講師ているのか）新建築研究所開発センター
1980	2611 中井邸 / 三重・上野 / 木造2階 / 239.6m² 2620 吉阪自邸改築 / 東京・新宿 百人町 / 木造	吉阪逝去 ☆「尾高とあとがき」有斐閣 ●日本建築学会館建設計競技・矢祭町山村開発センター

写真クレジット

北田英治　　図面撮影*** : P. 15、28、29、30、31、46、60、61
　　　　　　以下をのぞく全ての写真

建主提供**　浦　太郎：P. 35
　　　　　　丸山瑞木：P. 49、51
　　　　　　樋口博一：P. 62

アルキテクト事務局　提供* : P. 04、09、11、12、13、18、19、34
　　　　　　写真修復：北田英治

Takamasa Yosizaka + Atelier U　｜Experimental house

吉阪隆正＋U研究室｜実験住居

2020年6月5日 初版第1刷発行

編著　　　齊藤祐子

写真　　　北田英治

企画・編集　Echelle-1｜下田泰也　松田幸美

編集協力　松元みぎわ

デザイン　日向麻梨子（オフィスヒューガ）

発行人　　馬場栄一
発行所　　株式会社建築資料研究社
　　　　　〒171-0014 東京都豊島区池袋 2-10-7 ビルディングK6F
　　　　　TEL 03-3986-3239

印刷・製本　株式会社埼京印刷

©建築資料研究社 2020 Printed in Japan
ISBN 978-4-86358-651-2

参考図書　・『ある住居』相模書房 1960年
　　　　　・『コンクリートの家』実業之日本社 1971年
　　　　　・『建築文化 吉阪隆正 1917-1981』1981年6月号彰国社
　　　　　・『乾燥なめくじ・生い立ちの記』相模書房 1982年
　　　　　・『吉阪隆正集1巻 住居の発見』勁草書房 1984年
　　　　　・『吉阪隆正集4巻 住居の形態』勁草書房 1986年
　　　　　・『吉阪隆正の方法』齊藤祐子著 住まいの図書館出版局 1994年
　　　　　・『DISCONT 不連続統一体』丸善 1998年
　　　　　・『吉阪隆正の迷宮』2004 吉阪隆正展実行委員会編・TOTO出版 2005年

　　　　　・『Ahaus No.6 今和次郎と吉阪隆正』Ahaus編集部 2008年3月
　　　　　・『住宅建築 No.396 数学者と建築家が構想した住宅——吉阪隆正の「浦邸」に宿る純粋な世界』建築思潮研究所 2008年4月
　　　　　・『住宅建築 No.419 蝶ネクタイのむこうがわ——吉坂隆正「VILLA COUCOU」建築思潮研究所 2010年3月
　　　　　・『住宅建築 No.426 無知ほど素敵なものはない——樋口裕康「多摩川河岸段丘の家」』建築思潮研究所 2011年4月
　　　　　・『好きなことはやらずにいられない——吉阪隆正との対話』建築技術 2015年

プロフィール　吉阪隆正（よしざか たかまさ 1917~1980）
1917年 東京都小石川に生まれ、スイスで幼年時代の教育を受けて育つ
1941年 早稲田大学建築学科卒業。今和次郎に師事し、民家、農村の調査、住居学から「生活とかたち——有形学」を提唱
1950年から2年間パリのル・コルビュジエのアトリエに学び、帰国後54年 吉阪研究室（64年にU研究室と改組）を創設
早稲田大学理工学部教授、日本建築学会長、生活学会長、日本山岳会理事など
1980年 63歳で逝去
建築家にととまらない活動は、教育者、探検家、ヒマラヤK2をめざす登山家、文明批評家として多数の著書を著す

大竹十一（おおたけ じゅういち 1921〜2005）
1921年 宮城県に生まれ、1925年から浜松で育つ
1944年 早稲田大学建築学科卒業後、佐藤聯合設計事務所、梓建築事務所に勤務
1952年に大学に戻り、武基雄の研究室で設計を手伝う
1954年に浦邸で吉阪と協働し、滝沢健児、城内哲彦、松崎義徳らと共に吉阪研究室（64年にU研究室に改設）を設立。創設メンバーとして、実作に大きな貢献を果たした。生涯、吉阪の名パートナーであり続けた。

滝澤健児（たきざわ けんじ1927〜2013）
1927年 長野県生まれ
1955年 早稲田大学大学院修士課程終了
1955〜64年 創設メンバーとして吉阪研究室で設計、浦邸、ヴィラ・クゥクゥ、呉羽中学校など担当多数
1965年 滝澤健児建築設計事務所設立 更埴市庁舎、更埴体育館などを設計、国士舘大学教授を務めた。著書に「形の意味／建築・部分」「図面と表現」「住まいの明暗」「木とけとき–広がりと凝縮の美学「」など多数。

樋口裕康（ひぐち ひろやす）
1939年 静岡県に生まれる
1965年 早稲田大学大学院修了
1964〜71年 U研究室。樋口邸、箱根国際観光センター設計競技などを担当
1971年 富田玲子、大竹康市、重村力、有村桂子と象設計集団設立。作品に名護市庁舎、今帰仁公民館、進修館、笠原小学校、用賀プロムナード、台湾冬山河親水公園ほか、著書『空間に恋して——象設計集団のいろはカルタ〔共著〕』

吉本 剛（よしもと ごう）
1961年 徳島県板野郡に生まれる
1984年 日本工業大学工学部建築学科卒業

1985〜89年 吉村篤一／建築環境研究所
1989年 吉本剛建築研究室設立
主な作品、目神山の住宅 1-10、海の保養所、河畔の家、BARN-8など多数。

羽渕雅己（はぶち まさみ）
1968年 滋賀県生まれる
1991年 三重大学工学部建築学科卒業 1994年 同大学院卒業
1994年 象設計集団、2002年 早稲田大学後藤研究室個人助手
2005年 一級建築士事務所 かめ設計室設立
2012年〜 芝浦工業大学 非常勤講師
主な作品、城崎温泉・木屋町小路、海の家、ARANZI ARONZO TOKYO など多数。

北田英治（きただ えいじ）
1950年 鳥取県生まれ、神奈川県川崎市で育つ
1970年 東京写真短期大学（現東京工芸大学）技術科卒業
建築雑誌等を活動の場としながら、1980年代から東アジアの都市やタイ北部の山岳移動少数民族、そしてチベット高原へと人の暮らしの場所を訪ねてきた。
書籍に『サレジオ』『ル・コルビュジエのインド』『別冊太陽・世界遺産石見銀山』『ペーハ小屋』『DISCONT：不連続統一体』『吉阪隆正の迷宮』『象設計集団：空間に恋して』など。写真展「精霊の杜・アカ族の——いとなみ」「フォトインベントリー・東アジア」「エッジを歩く・東チベット紀行」など多数。早稲田奉仕園「北田英治の写真講座」夏目坂写真塾塾長、「ぐるぐるつくる大学セミナー・ハウス WORK CAMP」実行委員、「甲馬サロン」実行委員。

齊藤祐子（さいとう ゆうこ）
1954年 埼玉県生まれ
1977年 早稲田大学理工学部建築学科卒業後、U研究室入室、〈大学セミナー・ハウス、国際セミナー館〉の屋根の絵などを担当する
1984年 七月工房、1989年 空間工房101を共同で設立
1995年 サイト 一級建築士事務所代表
住居を原点に設計活動を続けている。作品に益子・塵庵、グループホームあおぞら、東中野PAO、大学セミナーハウス・やまゆり、東チベット高原の小学校建設の活動など。著書に『吉阪隆正の方法・浦邸 1956』『建築のしくみ』『集まって住む終の住処』ほか。「ぐるぐるつくる大学セミナー・ハウス」実行委員。「アルキテクト」事務局として、吉阪隆正の関連書籍の編集、展覧会の企画協力などの活動をおこなう。

アルキテクト事務局／吉阪隆正＋U研究室 アーカイブ
サイト 一級建築士事務所内
東京都中野区東中野 2-25-6-701 〒164-0003
TEL、FAX：03-3371-2433　http://aasite.web9.jp/